U0865315

取得时效制度新论

兼论逆权管有

New Theory of Acquisitive Prescription System

邢国威 著

法律出版社
LAW PRESS · CHINA
北京

图书在版编目(CIP)数据

取得时效制度新论:兼论逆权管有 / 邢国威著. -- 北京:法律出版社,2023
ISBN 978-7-5197-8289-4

Ⅰ.①取… Ⅱ.①邢… Ⅲ.①诉讼时效-研究 Ⅳ.①D915.104

中国国家版本馆CIP数据核字(2023)第170547号

取得时效制度新论
——兼论逆权管有
QUDE SHIXIAO ZHIDU XINLUN
—JIANLUN NIQUAN GUANYOU

邢国威 著

策划编辑 朱海波
责任编辑 朱海波 谢瑞忠
装帧设计 李 瞻

出版发行 法律出版社
编辑统筹 法律应用出版分社
责任校对 张 颖
责任印制 刘晓伟
经 销 新华书店

开本 880毫米×1230毫米 1/32
印张 7.25 字数 189千
版本 2023年10月第1版
印次 2023年10月第1次印刷
印刷 唐山玺诚印务有限公司

地址:北京市丰台区莲花池西里7号(100073)
网址:www.lawpress.com.cn
投稿邮箱:info@lawpress.com.cn
举报盗版邮箱:jbwq@lawpress.com.cn

销售电话:010-83938349
客服电话:010-83938350
咨询电话:010-63939796

版权所有·侵权必究

书号:ISBN 978-7-5197-8289-4
定价:48.00元

凡购买本社图书,如有印装错误,我社负责退换。电话:010-83938349

目录

CONTENTS

导　论

第一节　问题与意义

一、问题的提出

2020 年 5 月 28 日，十三届全国人大三次会议表决通过了《中华人民共和国民法典》(以下简称“《民法典》”)。《民法典》没有规定取得时效制度。回溯我国《民法典》立法过程，2002 年 12 月全国人民代表大会常务委员会第一次会议审议的《中华人民共和国民法典（草案)》规定了取得时效制度（第 105 条至第 107 条)①。大多数学者也都认同将取得时效纳入民法典体系中——梁慧星教授主持编撰的 2003 年《中国民法典草案建议稿》（第 275 条至第 296 条)②、王利明教授主持编撰的 2005 年的《中国民法典学者建议稿

① 2014 年 10 月 23 日中国共产党第十八届中央委员会第四次全体会议通过的《中共中央关于全面推进依法治国若干重大问题的决定》再次提出编纂民法典。决定中论述道：“加强市场法律制度建设，编纂民法典，制定和完善发展规划、投资管理、土地管理、能源和矿产资源、农业、财政税收、金融等方面法律法规，促进商品和要素自由流动、公平交易、平等使用。”

② 梁慧星主编：《中国民法典草案建议稿》，法律出版社，2003 年版，第 54 页。

及立法理由·物权编》（第717条至第721条）[1]、徐国栋教授主持编撰的2004年的《绿色民法典草案》（第五分编第251条至第266条）[2] 都规定了取得时效制度。

纵观20世纪后期以来，大陆法系国家或地区（以下简称“典型民法法域”）的取得时效制度，以及典型普通法系国家或地区（以下简称“典型普通法区”）中之功能等价的逆权管有制度，均出现了新的争议并为此进行了新的制度改革，典型如下：

1988年，为改善物业拥有权的效率和安全性，我国香港特别行政区考虑引入业权注册制度。近年，政府正在进行全面检讨，将逆权管有法律在注册土地制度之下重新订定。我国澳门特别行政区桃花岗组案引发民众对取得时效制度正当性的广泛争议，折射出调整取得时效制度规则的必要性。

2005年，欧洲人权法院前第四部门审判庭的七名法官以4比3的多数裁定J A Pye（Oxford）Ltd v United Kingdom案[3]英格兰的逆权管有法律[4]剥夺了原告人的土地业权，对原告人施加过重的责任，并破坏公众利益与原告人安宁地享用其财产的权利之间的恰当平衡，违反了《欧洲人权公约》第一号议定书第一条。[5] 之后，欧洲人权法院17名法官组成的大审判庭重新审理该案，才使逆权管有制度的人权危机得以缓解。[6]

---

① 王利明主编：《中国民法典学者建议稿及立法理由·物权编》，法律出版社，2005年版，第100页。

② 徐国栋主编：《绿色民法典草案》，社会科学文献出版社，2004年版，第335页。

③ J A Pye（Oxford）Ltd v United Kingdom（2005）19 BHRC 705.

④ 《1980年时效法令》和《1925年土地注册法令》（Land Registration Act 1925）。

⑤ 欧洲人权法院申请编号第44302/02号裁判，2005年11月15日。

⑥ 欧洲人权法院申请编号第44302/02号裁判，2007年8月30日。

美国 In McLean v. DK Trust 案中，科罗拉多一个地方法庭判决一宗逆权管有案件的原告胜诉。该案的裁决引起了公众的强烈反对，最终引发了 2008 年克罗拉多州州逆权管有法规的修改。[①] 科罗拉多州立法开创了美国逆权管有制度显著的变革，[②] 纽约等州都使逆权管有的条件比以前更加严格。

此外，1976 年苏格兰法律委员会开始就取得时效立法问题进行探讨，积极筹划立法。该委员会 2010 年发表的《苏格兰取得时效和动产所有权问题的咨询档》，深入研究这个“不起眼”的“似乎没有就位”的问题。2002 年 12 月，爱尔兰法律改革委员会发表的《关于借逆权管有土地而取得业权的报告书》认为，虽然擅自占地者在爱尔兰法律中的地位并不如在英格兰法律中那样不令人满意，但他们现有的法律也损害了一些业权，有理由支持改革爱尔兰批租产业逆权管有方面的法律。

这些域内外法制新发展，促使笔者产生了深入研究取得时效制度的想法。首先，取得时效是否正当的问题。虽然理论界对建立取得时效制度已经达成基本共识，但是欧洲人权法院对逆权管有被诉称违反人权公约的案件裁判以及美国科罗拉多州逆权管有案件裁判所引起的舆论和立法反弹，使得我们仍有必要对取得时效制度的正当性予以反思。然后，须思考我国是否真的需要建立取得时效制度，以及若应建立取得时效制度，其有无与以往不同之新功能，其应如何吸收近年来典型普通法区逆权管有制度和典型民法法域取得时效制度改革和发展的经验，并如何避免其引起的争议。前一问题是后

---

① 参见 COLO. REv. STAT. § 38－41－lOl（West 2007 & Supp. 2009）。

② Latovick P. R.，“Adverse Possession Against the States：The Hornbooks Have It Wrong，” U. Mich. JL Reform，vol. 29，no. （1995），pp. 939.

一问题的前提，如果不具有正当性，即便我们需要建立取得时效制度也不应该立法，关键是比较何者更为突出。因此，前一问题也是后一问题的题中之义。此外，后一问题还包含了另一层涵义，取得时效制度是否具有价值，更进一步地，功能是否不可替代。如果取得时效制度不可替代，则会面临如何兴利除弊的问题，即延伸出应当建立怎样的制度规范问题。因此，取得时效制度上存在三重追问：取得时效制度是否正当？我国是否应该建立取得时效制度？我们应当建立怎样的取得时效制度？

二、本研究的价值

（一）理论价值

取得时效制度是一项传统民法制度，虽其近年在世界范围内受到人权和宪法基本权利的强有力挑战但最终仍取得了新的发展。不过，其在发展过程中仍存在两方面问题：微观上存在保护财产权和维护既成秩序之间如何平衡并创新取得时效新功能的制度设计问题，宏观上则存在如何才能使取得时效制度更具有正当性的问题。

我国《物权法》立法乃至《民法典》编纂之前，学界对应建立取得时效制度虽有共识，但对该制度正当性认识不足，且有一些敏感问题未能解决，对取得时效制度难以接受，这也是导致《民法典》最终没有出现取得时效制度的部分原因。

因此，取得时效制度的研究具有完善民法基本制度的理论价值，尤其是可以通过对海外取得时效制度实践中新问题的研究，以及关于正当性的制度新发展路径的探析，可为内地取得时效制度的建立提供知识基础。

（二）实践意义

1. 为取得时效制度立法提供参考

对域外取得时效制度实践中新问题的研究，能够从应用上对解决中国内地社会经济发展中出现的一些问题采用取得时效制度解决具有启发意义，从而能够作为取得时效制度立法的参考。

2. 有助于司法实践中把握现有秩序与权利之间冲突的平衡点

对取得时效正当性标准的提炼，能够在以后的取得时效及类似制度的司法实践中更准确地把握现有秩序与权利之间冲突的平衡点，有效定分止争、化解矛盾。

此外，本研究还使得人们在观念上易于接受取得时效制度，因此，对取得时效制度立法参考、司法实践和观念接受具有实践意义。

第二节　文献综述和评价

一、近五年研究概述

取得时效不是目前学术研究的热点，也未曾被博士论文研究关注。但却是长期以来民法研究不曾间断的话题。《民法典》颁布前后，学者们主要围绕取得时效立法与既有制度如何衔接展开研究。房绍坤教授认为，为做好制度衔接，在编纂民法典物权编时，应当增设取得时效制度。就如何进行诉讼时效与取得时效衔接，房绍坤教授认为，在诉讼时效与取得时效的关系上，取得时效具有优先适用性：尽管返还原物请求权不适用诉讼时效，但也不允许权利人长期不行使权利，在符合取得时效的条件时，将由占有人取得物权，此时返还原物请求权的诉讼时效将失去规范意义。[①] 包晓丽还就时效的种类、计算、中止、中断等一般规则如何规定做了详细探讨。[②]《民法典》颁布后，彭诚信撰文认为遗漏的取得时效制度对一般动产与不动产都有适用的必要。[③]

《民法典》颁布前，学者们就取得时效的研究旨趣则有所不同。王家全认为："取得时效在中国不仅缺乏历史的继承基础，而且与中国核心价值体系的目标要求不和谐。同时，取得时效与中国的现有国情和相关物权法律制度不契合，因此，取得时效在中国存在诸多立法困境。在取得时效的适用日渐衰微，有关法律制度（不动产登记、善意取得等）日益完善的情况下，中国民事立法不必确立取得时效制度。"[④] 他认为，取得时效的适用日渐衰微的原因是："1. 不动产登记制度的完善让取得时效几乎不可能发生；2. 取得时效职能逐渐为善意取得制度取代；3. 遗失物等不适用取得时效大大降低了取得时效的适用对象；4. 中国刑法的规定也抑制了取得时效的可能性。"[⑤] 罗楚琼认为，经济、道德和法律等因素决定中国内地有构建取得时效制度的可能性与必要性。而且该作者认为，不动产登记、

① 房绍坤：《论民法典物权编与总则编的立法协调》，载《法学评论》，2019年第1期。

② 包晓丽：《诉讼时效期间的起算与取得时效的衔接问题研究——一种法治建构的微观视角》，载《石河子大学学报（哲学社会科学版）》，2015年第5期。

③ 彭诚信：《〈民法典〉物权编的进步，局限与未来》，载《法制与社会发展》，2020年第4期。

④ 王家全：《取得时效在我国的立法困境》，载《贵州师范学院学报》，2014年第2期。

⑤ 同前引王家全：《取得时效在我国的立法困境》，载《贵州师范学院学报》，2014年第2期。

公示公信、善意取得、诉讼时效等制度可替代取得时效制度。[1] 胡炜认为，“取得时效制度会刺激无权占有人哄抢、私占公私财产，与私有财产神圣不可侵犯原则相矛盾，同时与中国内地拾金不昧、物归原主的传统美德相违背”是片面的理解，诉讼时效不能取代取得时效的功能，亟需解决的是在缺失该制度前提下司法实践中相关问题如何解决。[2] 其他三篇文献中，曾凡昌在主张建立取得时效制度基础上介绍了俄罗斯取得时效立法的启示；[3] 俞梦睿认为宜采取区分并存的立法体例，以利于民法体系的健全与优化；[4] 孙皓亦认同分别式时效立法模式并论述了具体制度的安排[5]。

二、较早研究的追溯

经过对更早、更大范围的文献的检索和分析，笔者发现，事实上，上述文献中除曾凡昌文献具有显然的新颖性外，其余文献新颖性并不突出。王家全的《取得时效在我国的立法困境》比较全面地总结了学术界对取得时效制度的否定意见，而对之否定的观点已然存在。

孟利民认为，不动产登记制度及动产即时取得制度使取得时效

① 罗楚琼：《我国构建取得时效制度的必要性》，载《三明学院学报》，2013年第5期。

② 胡炜：《物权法对取得时效制度的舍弃》，载《天水行政学院学报》，2012年第5期。

③ 曾凡昌：《当代俄罗斯取得时效制度的立法与实践以及对我国立法的启示》，载《河南财经政法大学学报》，2013年第4期。

④ 俞梦睿：《我国设立取得时效制度的立法探讨》，载《铜陵学院学报》，2014年第3期。

⑤ 孙皓：《论消灭时效与取得时效的契合》，载《湖南科技学院学报》，2013年第1期。

失去了适用余地，取得时效与消灭时效同时并存会产生两个矛盾，一是消灭时效完成但取得时效未完成时造成权利与其客体的脱节，这有悖于时效制度之宗旨；二是权利人于消灭时效期间提出争议即可阻止取得时效之完成，使取得时效难以适用。①

王利明认为，善意取得制度不能代替取得时效制度；诉讼时效不能代替取得时效；公信制度也不能代替取得时效制度。刘继强认为，行政解决集体经济组织间的权属纠纷问题多。这些问题主要包括，其一，容易酿成群体事件；其二，效率低下；其三，增加了行政工作负担。② 温世扬、廖焕国在 2002 年《法学研究》第 2 期发表了《取得时效立法研究》，较深入地分析了取得时效的要件和客体。徐国栋教授在 2011 年发表的《主观诚信概念在中国民法理论中的地位》等论文中较深入地观察了取得时效中的诚信要件。对国外立法例的观察上，甄增水认为，德国民法中动产善意取得制度的确立，导致了取得时效在动产适用范围上的缩减，不过，缩减并没有导致替代。③

上溯到 1984 年，梁慧星在《法学研究》上发表了《民法时效研究》，文中讲述了罗马法上取得时效的制度价值和各公有制国家民法典在对待取得时效问题的表现，列举了“各公有制国家民法典在对待取得时效问题上表现出较大的分歧及某种犹豫和动摇”，认为“时效制度反映了社会经济的客观要求”，“公有制国家立法在取

① 孟利民：《取得时效制度存废的价值分析》，载《法律适用》，2005 年第 11 期。

② 刘继强：《山林权属纠纷确权的适用法律初探》，载《林业勘察设计（福建）》，2012 年第 2 期。

③ 甄增水：《取得时效制度在大陆法系中的演变》，载《南京大学法律评论》，2011 年春季卷。

得时效的设立上的障碍是认识上的，它与公有制经济基础无本质上的关联”。[①] 1985 年祁秀山的《试论建立适合我国情况的取得时效制度》从有利于社会经济秩序和其他社会关系的稳定，有利于促使权利人适时地行使自己的权利，充分发挥社会物财富的经济效用，有利于人民法院及时正确地处理民事纠纷几个方面论证了建立取得时效制度的必要性和重要性，认为“建立取得时效制度与我国国情不相符合，通过取得时效而获得所有权的财产属于‘不义之财’，和我国的社会主义精神文明建设相悖”的观点是“片面性的”。[②] 同年在《中国法学》第 2 期上还发表了两篇针锋相对的文章。李景禧、李连宁的《我国民法需要建立消灭时效制度》认为“在动产的取得上，为适应经济流转的需要，也创制了不少新的法律制度，从而使古老的取得时效制度逐渐地退出历史舞台”“在近现代民事立法中，由于财产关系和调整财产关系的法律的变化，土地法的独立，民法不动产登记制度的发达，动产善意取得的确立，使取得时效变得没有存在的必要了”。[③] 龙斯荣的《我国民法需要规定取得时效制度》反对“通过完成取得时效的方法来取得他人财产的所有权，属于不义之财，有悖于我国社会主义道德准则，也不符合我国劳动人民的优良传统，不足取”的观点，从消灭时效只解决了债权问题而没有解决所有权问题、稳定社会经济生活秩序和其他社会生活秩序、促使财产所有人对自己财产精心管理并及时行使权利充分发挥财产的

① 梁慧星：《民法时效研究》，载《法学研究》，1984 年第 4 期。

② 祁秀山：《试论建立适合我国情况的取得时效制度》，载《法学研究》，1985 年第 1 期。

③ 李景禧、李连宁：《我国民法需要建立消灭时效制度》，载《中国法学》，1985 年第 2 期。

经济效益、有利于人民法院正确合法及时地审结民事纠纷案件几个方面论证，认为在我国民法典中不仅应当规定诉讼时效，还应当规定取得时效制度。①

不难看出，目前学术界对取得时效制度的争论与30年前的争论并无本质的区别，内容也无较大的差异。② 其实，翻一翻更早我国台湾和大陆法系文献，双方争论已经呈现出来。取得时效制度历史曾是大陆法系法学家讨论的热点问题，但观点日趋稳定。“时效取得在今天常被认为只是在非典型的案例群中起作用：如在遗失物的取得情况下，在由无行为能力或对无行为能力人进行出让的情况下，也即在占有人于继受或原始取得时认为自己为所有权人的所有情况下，其实并非如此。”③ 取得时效在民法系统内逻辑上的不可或缺，

① 龙斯荣：《我国民法需要规定取得时效制度》，载《中国法学》，1985年第2期。

② 认为我国不应建立取得时效制度的文献除以上所述，还有甘功仁、白彦、丁亮华：《取得时效制度的适用性研究》，载《现代法学》2002年第4期；吕维刚：《浅论我国〈民法典〉不应建立取得时效制度》，载《学术交流》，2008年第7期；丁亮华：《取得时效制度研究——兼评我国民法典应否建立取得时效制度》，载《私法》，2006年第1期；孟利民：《取得时效制度存废的价值分析》，载《法律适用》，2005年第11期；王彦、甄世辉：《取得时效制度研究》，载《河北法学》2004年第8期；对否定论提出批评，认为应建立取得时效制度的，文献除以上所述，还有石佳友：《〈物权法〉占有制度的理解与适用》，载《政治与法律》2008年第10期；马凯、田亚锋：《论我国取得时效制度的构建》，载《华北水利水电学院学报（社科版）》，2009年第4期；赵斯昕：《论取得时效制度》，载《工会论坛（山东省工会管理干部学院学报）》，2008年第1期；刘保玉：《刍议物权法草案中所有权取得的若干规定及其完善》，载《法学论坛》，2007年第1期；郭宣鉴：《论取得时效制度》，载《中国劳动关系学院学报》，2006年第01期，；林旭霞：《取得时效制度研究》，载《福建师范大学学报（哲学社会科学版）》，2004年第1期；孙宪忠：《当代不动产法评述（九）》，载《中国土地》，1996年第12期；季秀平：《〈物权法〉未确立取得时效制度之所失及补救》，载《法治研究》，2009年第12期。

③ ［德］鲍尔施蒂尔纳：《德国物权法》（下册），张双跟译，法律出版社，2006年版，第520页。

正如萨维尼所说：一切“所有权”都是因“时效”而成熟的“他主占有”。[①] 他在《论占有》中比较系统地论述了取得时效中的占有：占有制度是取得时效的基础，但也使大陆法系的取得时效空间受到挤压；由于不能以占有为所有，需要将所有从占有中分离出来，所有就依赖于人们之间的承认，不再取决于事实上的占有，只是所有权的承认取决于意志，而意志又决定于智力，然而智力或者记忆力是有限的，这样以占有表征所有权仍然因记忆力的有限而存有一席之地。[②] 前人已有这些结论，是否还需要再做研究呢？然则，取得时效存废论战久争不息也提示另一问题：学者们为什么对此问题穷追不舍？

应当认为，原因之一在于取得时效制度与财产权制度的直接、巨大冲突，尤其是不动产，这关系到每个人，不得不引起巨大关切。笔者注意到，1985 年祁秀山的取得时效制度否定论的驳论是“是片面的”。其中含义是：取得时效否定论的观点并非完全没有道理，只是我们不应当把取得时效制度“斩尽杀绝”，仍应为之留有一席之地。王利明、徐国栋、沈永敏、薛艷玲等都认为，从历史发展的过程看，登记制度、诉讼时效制度、善意取得制度等的确减少了取得时效制度曾经的功能空间，但是取得时效仍不能被取代。[③] 因此，

---

① ［英］亨利·詹姆斯·萨姆那·梅因：《古代法》，沈景一译，商务印书馆，2011 年版，第 143 页。

② ［德］弗里德里希·卡尔·冯·萨维尼：《论占有》，朱虎、刘智慧译，法律出版社，2007 年版，第 23－147 页。

③ 王利明：《建立取得时效制度的必要性探讨》，载《甘肃政法学院学报》，2002 年第 1 期；徐国栋：《主观诚信概念在中国民法理论中的地位——答王立争先生〈“主观诚信说”若干观点质疑〉一文》，载《政治与法律》，2011 年第 05 期；沈永敏：《取得时效制度存废论——兼评取得时效制度在我国物权法中的缺失与构建》，载《福建行政学院学报》，2009 年第 1 期；薛艳玲：《论〈物权法〉规定取得时效制度的必要性》，载《北方工业大学学报》2008 年第 2 期。

我们必须警惕取得时效存废事态在社会经济和制度变革的量变过程中是否发生了变化。

三、既往研究评价

取得时效制度使得无权利人基于一定时间的占有而取得权利，原权利人丧失权利。此权利丧失与财产权保护的自然正义理念所形成的巨大冲突激起了学者的好奇心—也许这是学者们对这一问题持续关注的另一原因所在。然而，纵观这些文献，内地学者只有寥寥数篇对此有深层研究。王志雄的《时效制度存在理由——法律合法性路径考究》采用哲学的路径与方法，借鉴法律与道德的演绎关系，从社会经济发展的现实诉求，经济秩序、经济利益的对立与抉择，“社会本位”的立法价值取向来探究时效制度合法性。[①] 此文着眼于取得时效制度与自然正义观的冲突，有助于从宏观上去除时效制度的反道德性，但其社会价值理路的解释仍是通常解释方式。王立争的《恶意失权：取得时效的视角转换与制度矫正》提出了恶意失权理论，围绕当事人的意志“来解释取得时效中权利人失去权利的本质原因”，笔者认为其价值较高，但文章论证较为草率[②]，未将失权与权利取得连接，产生了致命的逻辑缺失。孙鹏的《去除时效制度的反道德性——时效制度存在理由论》认为：“权利消减”的

---

① 王志雄：《时效制度存在理由——法律合法性路径考究》，载《贵州社会科学》，2013 年第 6 期。

② 王立争：《恶意失权：取得时效的视角转换与制度矫正》，载《新疆社会科学》2010 年第 3 期。徐国栋教授对文章中所据“无论是大陆法系，还是英美法系，在取得时效构成要件方面，多不以占有人善意为前提”提出强有力的批评。参见徐国栋：《主观诚信概念在中国民法理论中的地位——答王立争先生〈“主观诚信说”若干观点质疑〉一文》，载《政治与法律》，2011 年第 5 期。

时效构成背离了人类的一般道德情操和自然正义观念，而“公益”“社会秩序”“信赖保护”“社会效率”“不保护权利上的休眠者”等都不能使该构成正当化。将时效定性为“权利推定”的制度，克服真正权利人或已免责义务人的举证困难，将从根本上去除时效制度的反道德性，使其成为人类权利的保护神。[①] 简单说，文章否定将时效定性为“权利消减”的制度，赞成“权利推定”，谋求取得时效制度的正当性。但本人认为，在原权利人和新权利人之间，必然存在消减和（推定）增加两面，只从（推定）增加方面看待取得时效固然可以解释其正当性，但是并不能视“权利消减”的解释义务不存在，因此这种思路难以成立。

学者们在探寻取得时效制度与财产权保护的自然正义理念之间的正当性缺失中多止步于社会总体利益分析，未能进一步解释功利主义的社会总体利益何以能够牺牲自然正义。制度设计方面，学者关于善意的研究多围绕着善意取得制度进行，不甚涉及取得时效制度。[②] 笔者认为，这与中国内地传统法律文化体现出的“公法文化”[③] 一致。同时，19 世纪末 20 世纪初的中国社会并没有跟从于商品经济初生的法权要求及价值走向，而是“人云亦云”式地追逐着西方商品经济发展几百年之后的“限制权力”及“社会本位”思潮，走上了西方法社会经历数百年才开始的“权力社会化”道路，使原本就缺乏尊重私人权益和私权保障传统的中国，又一步“提

① 孙鹏：《去除时效制度的反道德性——时效制度存在理由论》，载《现代法学》，2010 年第 5 期。

② 徐国栋：《主观诚信研究中国学说综述》，载《法治研究》，2012 年第 6 期，第17 页。

③ 参见张中秋：《中西法律文化比较研究》，南京大学出版社，1999 年版，第 78 页。

升”至西方历经几百年方迈入的“限制私权膨胀”和“讲求社会公益”理念之上。[①] 而社会主义国家的社会理念仍然缺乏尊重市民社会私权的传统。因此，对于中国内地民法研究，取得时效制度剥夺一方财产权的正当性问题应当特别予以重视。

此外，对取得时效制度的功能研究亦有不足。取得时效制度未在《物权法》中出现，原因是德国学者认为在德国关于取得时效的案例很少，取得时效制度是法律的“盲肠”，但2007年7月18日，在最高人民法院组织召开的诉讼时效司法解释的学术会议上，认为没有取得时效制度的配合会造成非债权请求权诉讼时效经过后权属的不稳定。[②]

可见我国学者就取得时效制度的研究，尤其是对其正当性的研究理论并不深入，说服力仍嫌不足，不能较好地支持目前的立法和司法实践。

第三节　研究方法与基本概念界定

本研究旨在回答三重追问：取得时效制度是否正当？是否应该建立取得时效制度？我们应当建立怎样的取得时效制度？取得时效制度正当性是联系问题的枢纽。因此，研究取得时效制度正当性的方法就是本研究的主要方法。

本研究以康德的意志理论为主要理论依据，主要采用实证法的

---

① 参见夏锦文主编：《中国传统法律文化研究》（第七卷），中国人民大学版社，2010年版，第361页。

② 王轶：《中国民事立法的中国元素：从“照着讲”到“接着讲”》，2015年4月28日在暨南大学珠海校区的学术报告。

法教义学方法，系统性地解释取得时效的合法性和正当性问题。本研究属于立法研究范畴。立法研究方法包括比较法方法、历史研究方法、案例分析方法、法解释学方法等。本研究穷尽上述各种方法，通过解释自主占有人和原权利人的意志，研究法规范的正当性。因此，法解释学方法处于本研究的核心地位。

（一）法教义学方法

1. 法的规范体系是彼此相互协调的法规范间的脉络关联。

德国学者罗伯特·阿列克西（Robert Alexy）曾对法教义学的任务做过一个相对全面的概括。在他看来，法教义学要进行三个层面的工作：首先即是对现行有效法律的描述，其次是对这种法律之概念作体系的研究，最后是提出解决法律争议的建议。这三种活动分别对应于描述—经验的维度、逻辑—分析的维度以及规范—实践的维度。[①] 这三种活动虽然可以相对独立存在，但在相对关系上却有先有顺序。因此，若需落实到规范上，并非仅仅依赖对实践的考察，根本上不能缺少前两方面的工作。这就是说，在规范面上是体系性的，在分析和解释层次上也是体系性的。拉伦茨这样描述法的体系：法规范间有各种脉络关联，是一整体制度中彼此相互协调的部分，而此制度常以某些指导观点为基础。此制度本身又常是更广泛制度的部分制度，而后者又是私法的部分制度。整个法秩序或其大部分都受特定指导性法律思想、原则或一般价值标准的支配。各规范之各种价值决定需借此法律思想得以正当化、一体化，并因此避免彼此间的矛盾。[②]

---

① 参见［德］罗伯特·阿列克西：《法律论证理论》，舒国滢译，中国法制出版社，2002 年版，第 31 页。

② 参见［德］拉伦茨：《法学方法论》，陈爱娥译，商务印书馆，2003 年版，第 316 页。

取得时效制度是以所有权为主的一些物权取得的制度，因此，取得时效制度如果具有正当性，它应恰当地存在于以所有权为中心的权利体系中。这一体系的基础来源于康德的纯粹实践理性的自由意志。对取得时效制度中意志的考察，是检验具体规则是否符合正当性标准的具体方法。

2. 法教义学是开放的

法教义学是开放性的。法教义学对内在体系及其原理的厘别和区辨形成动态、开放的正当性体系。它虽然相对稳定，但并非封闭。教义法学所致力于的，不仅是明确性及法的安定性，同时也是在具体细节上以逐步进步的工作来实现更多的正义。[①] 对于法规范的任何理解和解释都必然建立在一定的实践理性和道德哲学基础之上，无法想象不带有任何“先见”的对于法规范的理解和解释。而在法律解释之上所出现的疑难纷争在本质上甚至都可以还原为诸种实践理性和道德哲学之间的对立冲突。法教义学无力回答这种背景理论上的冲突问题，但它却不能不面对这些问题，即它的中立性，绝非体现为“视而不见”。毋宁是，法教义学必须清晰地理解和把握各种实践理性和道德哲学的立场，并将它们视为仅仅反映了那个存在于幕后的“单一的超级理论”的某个真理性片断而已：它们均抱持着真理，但却仅仅是部分的真理。由此，法教义学必然为“价值衡量”留下空间。也正是在这个意义上，法教义学的中立性是指决不能固定性地主张某一种道德理论、坚持一种特定的理论立场，而应当在具体的实践”情境”中对各种实践理性和道德哲学理论进行权

---

① 参见［德］拉伦茨：《法学方法论》，陈爱娥译，商务印书馆，2003年版，第77页。

衡，再作出选择。[①] 取得时效制度中的意志，在实证法中体现的个人意思，必然体现多种价值，而且在特定的条件下对多种价值进行特定的取舍。从而达到体系内价值的协调一致性。

3. 研究以意志理论引导的系统协调

就本研究而言，在法教义学方法的具体使用上，并非以康德意志理论最终解释取得时效制度漏洞的填补，而是一种协调。具体是，基于取得时效相关意志发现或激发其正当性的冲突点，并经过与其他价值理论的综合平衡后，再经过法教义学方法的检验确认其正当性和合理性。

（二）功能主义比较法方法

在中国内地的法律体系下，以什么样的取得时效制度承担其应有的功能？本文以比较法的方法分析域外立法例，借鉴其成功经验。依据其功能主义视角，比较分析当前各种取得时效或逆权管有制度的功能与局限，有助于增进人们对其社会功能与效果的理解，检验该制度对市场机制运作、公共利益与公民财产权利的影响，反思取得时效的规范和尺度。

功能主义发轫于19世纪初孔德（A. Comte）的有机体论，历经斯宾塞（H. Spenser）、杜克海姆（E. Durkheim）以及人类学家拉德克利夫－布朗（A. R. Radcliffe－Brown）与马林诺夫斯基（B. Malinnowski）的发展演化，成为近几十年社会学中最重要的和历史最久的理论方法。[②] 功能主义的视角强调这样一种模式，即社会的每一个部分都

---

① 参见白斌：《论法教义学：源流、特征及其功能》，载《环球法律评论》，2010年第3期。

② 参见［法］特纳：《社会学理论的结构》第6版，邱泽奇等译，华夏出版社，2001年版，第18页。

对总体发生作用，由此维持了社会的稳定。根据这种观点，社会非常像人类的有机体或任何活的有机体，每一部分也维持着平衡状态，这也是系统平衡运转所必需的。[①] 功能主义虽然发端于社会学，它更大的成果却在人类学领域。[②] 尤其是英国人类学家马林诺夫斯基及其学生对文化予以功能主义的阐发，对于思考法律的概念及其产生和作用都颇具启发意义。马氏在其《文化论》中说："除非他们先对于某一文化加以功能的研究，否则在功能未解释及各要素间的关系未明了之时，文化的形式亦无法明了，所以他们的结论是没有价值的。"[③] 对于法律而言也是如此。所谓功能主义法律观，就是借用社会学、人类学功能主义的方法和进路来考察法律。它并不简单地等同于描述法律的功能和作用，而是要深入到法律规范所存在的整个文化背景中去，也就是说，"要在整个社会结构中找到法律的位置，我们必须对社会和文化有一个广泛地考察"[④]。应当认为，广泛地考察，目的在于使确定的法律规范正当地、合理且有效地承担其社会功能。也就是说，正当性应是功能的题中之义。

本研究选择取得时效制度所涉及的几种理性为视角，观察取得时效善意、期间等条件设定，以及取得时效物件或客体适用等相关问题。康拉德·茨威格特和海因·克茨认为，比较的意思是，采取新的，特别是共同的角度来观察各种不同的解决办法。[⑤] 也如卢曼

---

① 参见［美］波普诺：《社会学》第10版，李强等译，中国人民大学出版社，1999年版，第18页。

② 参见［法］特纳：《社会学理论的结构》第6版，邱泽奇等译，华夏出版社，2001年版，第13页。

③ ［英］马林诺夫斯基：《文化论》，费孝通译，华夏出版社，2002年版，第15页。

④ Hoebel, The Law of Primitive, Harvard University Press, 1954, p. 5.

⑤ ［德］康拉德·茨威格特、海因·克茨：《比较法总论》，潘汉典等译，法律出版社，2004年版，第63页。

在《信任》中认为的："功能主义的特征在于它独特的预先假设和研究视角"。这样，不但能够使取得时效制度与既有法律体系保持价值的统一，使制度设计更具有实证法的合法性，而且能够使中国内地的取得时效制度避免出现既有立法例中已经存在的问题。

（三）基本概念界定

1. 消灭时效与取得时效

取得时效，也称"占有时效"，是指无权占有人在法定条件下占有他人财产持续地经过法定期间而对该项财产取得所有权的制度。根据各国民法的相关规定，取得时效要发生效力，就必须具备一定的构成要件。取得时效的对称是"消灭时效"的对称。

消灭时效又称为诉讼时效，是指权利人在法定期间内不行使请求权依法将丧失实体权利的制度。消灭时效也是"取得时效"的对称。成立消灭时效的条件有二：（1）有权利人不行使请求权的事实；（2）该事实状态持续而不间断地经过法定期间。消灭时效的客体为请求权，其时效期间自权利人能够行使请求权之时起算；但按照大陆法各国的民法理论与实践，人身权及与身份密不可分的请求权不适用消灭时效，与物权的支配权共存始终的某些请求权（如排除妨碍请求权）也不适用消灭时效。

消灭时效制度的产生晚于取得时效制度；法制史上认为，消灭时效至罗马法大法官法时期才得以确立。东罗马帝国时期得到发展。近代资本主义各国在制定民法典时承袭了这一制度。取得时效和诉讼时效共同构成了传统民法上的时效制度。

2. 时效取得与取得时效

所谓时效取得，亦称取得时效，是指无权利人以自己所有的意思，善意地、公开地和持续地占有他人财产，经过法律规定的期间，而依法取得该财产的所有权的制度。一般认为“时效取得”与“取得时效”是同一概念[①]。只是，“时效取得”的提法落脚点在“取得”，其含义侧重于一种物权的取得方式；而“取得时效”的提法落脚点在“时效”，其含义侧重于一种时效制度。民法里的时效制度包括消灭时效和取得时效。时效取得正是依据取得时效制度而获得物权的一种方式。所以，本文也在这样区分并使用时效取得与取得时效两个概念。

3. 逆权管有与取得时效

逆权管有（adverse possession），也称逆权侵占或反占有，是英美法系普通法法律概念，指房地产的非业主不经原业主同意，持续占用对方土地超过一定的法定时限后，原业主的起诉时限即终止，该占用者可以成为该土地的合法新业主，不必付出任何代价。

逆权管有是英美法系法域中一项重要的取得时效制度，其在适用普通法的国家既贯穿了普通法系财产法中的原理和要件，又结合各自土地制度形态而具有鲜明的本土化特点。逆权管有制度跟随英国的殖民而被引入到香港，为便利本文将所有英美法国家涉及的这一制度都称为逆权管有。

4. 业权与所有权

英美法中业权、拥有权和所有权都翻译为Ownership。英美法对所有权虽然没有一个完整统一的定义，但其实际上已经具有了所有权观念，只不过，英美法采取了很不同的所有权的思维方式。在英美财产法中，所有权是指各项权利的集合，通常称其为“权利束”。权利束包括四项基本的权利：占有权、使用权、排除他人占有和使

① 梁慧星、陈华彬主编：《物权法》，法律出版社，1997年版，第121页。

用的权利和转让权。

英美法所有权并不像大陆法那样地绝对，它是一个相对的所有权概念。1066 年诺曼征服英国后建立起土地保有制。在土地保有制下，保有人没有占有土地就无法向领主提供其所需的义务。因此形成，普通法上，占有是各种地产存在的基础。英国的整个土地法的体系就是关于占有及其后果的法律。逆权管有制度是在尊重占有的环境下逐步建立起来的。以占有权概念为基础，英美法形成了极富特色的封建土地保有理论。享有土地权益的任何一个人都只是保有人，而不是所有人，保有人为其领主服务。

英美法的所有权概念或许很难融入大陆法的民法体系中，然而，英美法的抽象的、脱离具体物的所有权观念，对我国《民法典》的理解仍具有重要意义，而业权逆权管有及相关的注册可为取得时效制度比较借鉴。

第一章

普通法法域逆权管有制度的争议与改革

最近普通法区内逆权管有制度发生较大争议和显著变化的是英国、美国和我国香港特别行政区。在这些国家和地区范围内出现了逆权占有人和业权人之间冲突的案例且较为典型，显示出两权利之间强大的张力和逆权管有制度衍进的巨大动力，或直接推动了逆权管有制度变革，代表了逆权管有制度的最新发展。

第一节　英国逆权管有制度的争议与改革

一、J. A. Pye（Oxford）Ltd v. United Kingdom 案

发生在英国的 J. A. Pye（Oxford）Ltd v. United Kingdom 案①是

① 欧洲人权法院申请编号第44302/02号裁判（2005年11月15日和2007年8月30日）。

由英国国内一宗逆权管有纠纷案引起的。该案一波四折：初审法官裁定原告 Graham 胜诉，认为其已剥夺 Pye 公司的管有业权。① 上诉法庭改变了初审法官的裁定，认为 Graham 没有逆权管有有关土地，Pye 公司仍可提出收回该土地的申索。② 上议院最高上诉法庭又推翻了上诉法庭的裁决，判决支持了 Graham 的上诉请求。③ 之后，Pye 公司向欧洲人权法院提出针对英国政府的申请，指称英格兰的逆权管有法律④违反了《保护人权与基本自由公约》（the European Convention for the Protection of Human Rights and Fundamental Freedoms，简称《欧洲人权公约》）第 1 号议定书第 1 条。《欧洲人权公约》第一号议定书第 1 条首先规定："每个自然人或法人均有权安宁地享用其财产。"欧洲人权法院前第四部门审判庭的七名法官以 4 比 3 的多数裁定英国的逆权管有法律"剥夺了原告人的土地业权，对原告人施加过重的责任，并破坏公众利益与原告人安宁地享用其财产的权利之间的恰当平衡"，违反了《欧洲人权公约》。⑤ 最后，英国政府要求欧洲人权法院由 17 名法官组成的大审判庭重新审理该案。欧洲人权法院在 2007 年 8 月 30 日宣布的判决中，基于裁量余地原则论证了公共利益和个人利益之间业已达成了公正的平衡，以 10 比 7 的多数裁定有关的法例条文并无违反《欧洲人权公约》。⑥

① ［2000］Ch 676（Ch D）.

② ［2002］UKHL 30. 上议院（最高上诉法庭）。

③ ［2003］1 AC 419（HL）.

④《1980 年时效法令》和《1925 年土地注册法令》（Land Registration Act 1925）。

⑤ 欧洲人权法院申请编号第 44302/02 号裁判（2005 年 11 月 15 日）。

⑥ 欧洲人权法院申请编号第 44302/02 号裁判（2007 年 8 月 30 日）。

（一）基本案情

J. A. Pye（Oxford）Ltd v. United Kingdom 案是由英国国内一宗逆权管有纠纷案引起的。1997 年，一户姓 Graham（Graham）的农民家庭，根据《1980 年时效法令》第 15 条，[①] 对 Pye 公司（J. A. Pye（Oxford）Ltd）所拥有的 23 公顷农地的管有业权提出申索。诉争标的物农地原为 Pye 公司的一宗储备地，注册为其完全业权。Pye 公司曾与 Graham 签订一份放牧协定，租金为 2,000 英镑，该协定在 1983 年 12 月 31 日届满。协议届满后，虽然 Pye 公司多次要求 Graham 离开，但 Graham 仍然留在该宗地上，而且没有再支付租金。Graham 曾口头表示愿意再获得放牧许可并支付费用，但双方并没有订立进一步的协议。在 1986 年后，Pye 公司很少对该宗地实施管理，直至 1998 年提出收回该土地的法律程序。

（二）判决概要

针对英国政府认为的逆权管有方式应被视为财产权取得的附加，即申请人取得诉争地块时事先明知、自愿、同意地接受了逆权管有制度的制约，欧洲人权法院前第四部门审判庭则指出：

申请人公司曾是诉争永久业权地块的业主并登记为完全业权，直到在 1925 年和 1980 年法令的适用下，因格林姆逆权管有而丧失。[②] 作为完全业权，申请人的土地产权是绝对的且不受任何约束、资格限制和时间限制的。[③] 逆权管有会产生对前业主《第一议定书》中所述权利的干扰[④]是 1925 法例和 1980 法例的适用使得申请人的权

---

① 根据该条文规定，逆权管有的时效期为 12 年，从诉讼权在拥有人方面产生的日期起计。

② J. A. Pye（Oxford）Ltd v United Kingdom（2005）19 BHRC 705. § 49.

③ J. A. Pye（Oxford）Ltd v United Kingdom（2005）19 BHRC 705. § 50.

④ J. A. Pye（Oxford）Ltd v United Kingdom（2005）19 BHRC 705. § 49.

利终结而非权利自身缺陷所致。[①] 申请人的权利不能被认为像是取得时被终结的权利那样，存在着逆权管有的风险。[②]

针对政府认为逆权管有制度的两种公共利益，即避免了过期债权所产生的不确定性、不公正和确保无人反对的土地占有及其法定所有权相一致，法院考虑到给国家当局的裁量空间，但基于如下四个方面，公共利益与“干扰”并不合比例：[③]

第一，相关地块业已注册。

虽然在未登记的土地情况下，法院可以接受这些公共利益，但其重要性在注册土地的案例中却值得怀疑。在土地业权强制注册的情况下，通过检查业权在土地注册处的登记，土地业权人是易于识别的，业权的不确定性极少出现。法院援引在法律委员会关于登记土地的报告和宾厄姆勋爵的上议院判决中同样的观点：在注册成为常态之前，土地逆权管有可能是合理的，而在土地强制注册况下，没有任何理由推行这种不公正的制度；[④] 英国法律委员会及土地注册处的咨询文件中记载了不少建立了产权登记法律制度的立法例，它们要么已彻底废除逆权管有主义要么对其进行实质限制。[⑤]

第二，申请公司虽有疏忽大意，但不足以使其业权丧失。

法院承认申请公司有疏忽大意，不过问题依然存在。即使考虑到申请人对土地较缺乏照顾和粗心大意，剥夺他们已注册土地的权益打破了个人利益与公共利益之间公正的平衡。[⑥]

---

① J. A. Pye（Oxford）Ltd v United Kingdom（2005）19 BHRC 705. §50.

② J. A. Pye（Oxford）Ltd v United Kingdom（2005）19 BHRC 705. §52.

③ J. A. Pye（Oxford）Ltd v United Kingdom（2005）19 BHRC 705. §67.

④ J. A. Pye（Oxford）Ltd v United Kingdom（2005）19 BHRC 705. §65.

⑤ J. A. Pye（Oxford）Ltd v United Kingdom（2005）19 BHRC 705. §66.

⑥ J. A. Pye（Oxford）Ltd v United Kingdom（2005）19 BHRC 705. §70.

第三，未经补偿问题。

法院特别指出，逆权管有法律不仅剥夺了申请人的财产，而且损失不予赔偿。申请人遭遇惨烈超过了限度。法院援引纽伯格 J. 和宾厄姆勋爵所指出的，“……对原所有人之严苛和侵入者的意外收获……”；“更难以理解取得产权的当事人不应该至少被要求支付一些补偿”。[1]

法院重申，只有在特殊情况下，因公共利益取得财产而不支付赔偿才具有合理价值。[2]

第四，没有通知申请公司以预警。

占有期间没有任何通知，甚至任何丢失产权的风险预警。这与赔偿的缺失都说明有效的法律体系内缺乏对产权充分保障程序，以及如同 Hope 勋爵在众议院所言，“对部分注册所有人的疏忽或怠慢”。[3] 这不仅是个人自己的疏忽或怠慢。[4]

（三）案件的影响

欧洲人权法院 17 名法官组成的大审判庭重新审理该案的最终判决，其将争议法令定性为“使用控制”，目的是使英国政府获得更大的裁量余地。大审判庭并无对争议法令是否违反人权进行评估，只是对政府观点进行了调整和解释。笔者认为，在一定程度上也基于英国已经通过了《2002 年土地注册法令》，已经对注册土地的取得时效采取了限制措施，具备使政府获得更大的裁量余地的条件，才判决逆权管有制度不违反《欧洲人权公约》。该判决未能影

---

① J. A. Pye（Oxford）Ltd v United Kingdom（2005）19 BHRC 705. §71.

② J. A. Pye（Oxford）Ltd v United Kingdom（2005）19 BHRC 705. §72.

③ J. A. Pye（Oxford）Ltd v United Kingdom（2005）19 BHRC 705. §73.

④ J. A. Pye（Oxford）Ltd v United Kingdom（2005）19 BHRC 705. §74.

响英国国内的判例法。[①] 在巴斯特诉曼利安案[②]中，亨德逊法官（Henderson J）扭转了对注册土地的逆权管有态度。

二、英格兰逆权管有与人权的冲突

英格兰法律委员会曾表示，在英格兰逆权管有与人权冲突非常严重。[③] 在英国国会通过《2002 年土地注册法令草案》（Land Registration Bill 2002）时，有关的报告指出：土地注册处（Land Registry）每年接到超过 20,000 宗完全或部分以逆权管有为依据的注册申请。在这些个案中，约有四分之三（15,000 宗）的申请人能够取代先前的业权人。很多个案都出现争议，须进行法庭程序或在土地注册处律师（Solicitor to the Land Registry）或他的一名副手席前进行聆讯。土地注册处约四分之三的聆讯涉及擅自占地，而在约 60% 的个案中，擅自占地者获裁定全部或部分胜诉。[④]

三、《2002 年土地注册法令》对逆权管有的改革与影响

英国《2002 年土地注册法令》从整体上强化了逆权管有的限制条件。擅自占据人在截至提出申请当日为止，已逆权管有土地的注册产业达十年，须向注册官申请注册才能成为该产业的拥有人。[⑤]

---

① Dixon M. Human Rights and Adverse Possession: The Final Nail? [J]. 2008.

② Baxter v Mannion [2010] 1 WLR 1965, [2010] All ER 173, [2011] EWCA Civ 120.

③ 英格兰法律委员会，《土地注册法令草案和评论》（2001 年，法律委员会第 271 号），第 2.70 段。

④ S Jourdan 在 Adverse Possession（Butterworths）一书的序言中引述 Baroness Scotland of Asthal 的话。

⑤ 对于官方所拥有的前滩而言，则为最少 60 年。英国《2002 年土地注册法令》附表 6 第 13 段。

注册申请应附有载列了所需资料和证据的法定声明。土地注册处在接到申请后，通常会安排登记员视察有关土地，在进行视察之前，会先知会有关当事人。土地注册处如认为擅自占地者相当可能有权申请注册，会向受影响产业的注册拥有人等相关人士发出通知。相关人士可在3个月内反对该项申请，并/或要求审查该项申请是否符合以下三个条件之一：

(1) 因为衡平法的不容反悔原则，注册拥有人谋求剥夺他的管有权会是不合情理的，擅自占地者理应获注册为拥有人；[①]

(2) 擅自占地者因其他理由而有权获注册为该产业的拥有人；[②]

(3) 有关土地毗邻擅自占地者所拥有的其他土地，两者之间的正确界线没有根据《2002年土地注册法令》予以厘定，他在截至提出申请当日为止，已逆权管有关土地最少十年，并合理地相信有关土地是属于他的，且在提出申请当日之前，该项产业已注册超过一年。[③]

如注册官没有在3个月内接获注册拥有人或有关人士的反通知书，擅自占地者便会获注册为拥有人。[④] 实务指引说明，按照一般原则，擅自占地者的注册不会影响任何影响该产业的权益的优先次序。[⑤] 因此，擅自占地者仍会受到约束前拥有人的相同产业权、权利和权益限制。

注册拥有人（或有关人士）如想反对擅自占地者的申请，必须

---

① 这项条件是为了体现拥有人不容反悔（proprietary estoppel）的衡平法原则。

② 一个例子是擅自占地者根据已故拥有人的遗嘱或在已故拥有人并无遗嘱的情况下有权继承土地。

③ 实务指引举出在错误地方竖立分隔墙或围栏的例子。

④ 英国《2002年土地注册法令》附表6第4段。

⑤ 英国《2002年土地注册法令》附表6第9（2）段。如属于影响额外财产的押记，有条文订明如何分摊获得保证的款项。

根据诸如没有事实管有、没有必需的意图或没有所需的年期等理由而提出反对。注册官如裁定该项反对并非是毫无根据的，会把该项反对通知擅自占地者。如双方无法达成协议，有关事宜必须转交审裁官。①

如擅自占地者没有在文件中说明他是依赖第5段中三项条件的其中一项，注册官在接获反通知书时会拒绝擅自占地者的申请。②

在擅自占地者的申请被拒绝后，注册拥有人有两年期限借以下方式从擅自占地者那里取回对有关土地的管有：取得法庭判决，或在取得法庭判决后将擅自占地者逐出，或对擅自占地者提出收回管有的法律程序。

如拥有人没有按上述其中一种方式行事，而擅自占地者从提出第一次申请当日起直至该两年期限的最后一天为止，一直逆权管有有关土地，擅自占地者便可提出第二次注册申请。

注册拥有人（或有关人士）仍可反对擅自占地者再次提出的申请。除非反对是毫无根据的，否则有关事宜会交由审裁官解决。

四、启示

欧洲人权法院几乎裁定逆权管有为违背人权。但这已经充分显露出逆权管有与人权冲突，凸显了权威判断对逆权管有的难以认可。人权是人的基本权利，与人权的冲突则意味着正当性显然不足。即使以公共利益为逆权管有的理由，“侵犯人权”的正当性也难以被认可，合法性难以成立。

逆权管有制度确认占有人取得业权，同时原权利人业权丧失，并从普遍意义上产生公共利益。因此，不能仅从原权利人业权丧失，

---

① 英国《2002年土地注册法令》第73条。

② 英国《土地注册处实务指引4》第11页。

不考虑占有人取得业权，来评价公共利益与人权之间的平衡。同时，考虑原权利人业权丧失和考虑占有人取得业权，如果于人权无益，公共利益也无从谈起。逆权管有是否正当首先并非人权和公共利益之间的权衡，而是逆权占有人与权利人之间意志及人权冲突。显示了土地业权在人权上的强烈意志。注册业权显示了权利人意志，非注册业权也显示了权利人意志，逆权管有同样显示了逆权占有人的意志。注册土地以清晰的权利意志反衬了逆权管有的不正当。逆权管有制度下，业主权利的正当性在注册土地上之所以显而易见，在非注册土地上之所以隐而不宣，是由于权利意志的体现方式不同，是基于对意志的遵从，而不是基于利益衡量。

正如前第四部门法庭所认为的，《2002年土地注册法令》的颁布显然是议会自己发现了目前法律系统对业主程序保障上的疏忽[①]，逆权管有条件的限制强化了业权保障。英格兰法律委员会关于土地注册的咨询文件和报告书《廿一世纪土地注册：物业转易的革命》[②]也表示：难以提出理据支持继续就注册土地实行现有的“逆权管有”原则。[③] 从功利主义的角度解释逆权管有陷入了绝境。但是，《2002年土地注册法令》也肯定了逆权管有制度相对的合理性：事实上，逆权管有原则是基于业权并非注册的预先假设，该等原则对于非注册的业权而言也是合理的，这是因为非注册土地的业权最终是以管有为基础的。[④]

---

① J. A. Pye（Oxford）Ltd v United Kingdom（2005）19 BHRC 705. §74.

② 英格兰法律委员会《廿一世纪土地注册咨询档》第254号（1998年）和《廿一世纪土地注册：物业转易的革命》第271号（2001年）。

③ 同前引《廿一世纪土地注册：物业转易的革命》第2.70和2.73段。

④ 同注83英格兰法律委员会《廿一世纪土地注册咨询档》第254号和《廿一世纪土地注册：物业转易的革命》第271号。

第二节　美国科罗拉多州逆权管有的争议、改革与影响

一、McLean v. DK Trust 案

在 McLean v. DK Trust 案[①]中，科罗拉多一个地方法庭判决一宗逆权管有案件的原告胜诉。该案中，逆权管有制度和私有财产的不可侵犯性之间激烈的冲突也对逆权管有制度提出强烈质疑。

（一）基本案情

1984 年，Kirlins 以 55000 美元买了位于博尔德市的诉争地块。该地块距离自己的家有几个街区，有壮观的山景，有一些日子他们希望建立一个“梦想之家”。McLean 是博尔德前市长，他曾经任职法官而他的妻子是一名律师。他和他的妻子住在 Kirlins 隔壁的地块。在 25 年里，理查·McLean 一家使用了大约 1400 平方英尺或整块地的三分之一，作为一个花园和一个他们的后院天井的走道。他们还在上面安置了木桩并举行定期的社交活动。2006 年当 Kirlins 明白 McLean 正在用他们的土地，他们开始竖起篱笆。McLean 得到了禁制令授权，禁止 Kirlins 安装围栏，并于 2007 年 10 月，博尔德地方法院法官，因 McLean 为期超过 18 年的法定逆权管有，颁发给他财产证书。[②] Kirlins 声称可以审前调解，他愿卖部分给 McLean。整块地大约估价 100 万美元，McLean 在用部分约 30 万美元。Kirlins

① No. 06 CV 982，slip op. at 1（Dist. Ct. Colo. Oct. 17，2007）.

② No. 06 CV 982，slip op. at 1（Dist. Ct. Colo. Oct. 17，2007）.

也表明，它愿意提供给 McLean 地役权，以供其便利通行。然而，McLean 不接受。[①]

法庭援引奥利弗·温德尔·霍姆斯的人格模型论证了逆权管有学说，认为支持原告的强制处分原因在于原告对争议财产的依赖明显大于被告。逆权管有最相关的政策理由是奥利弗·温德尔·霍姆斯提出的人格模型理论。[②] 霍姆斯法官认为，逆权管有可当作一个法律事项，它以最强附着的方式转移土地产权[③]，因为经过一定时间后土地已经与逆权管有人不可分割。[④] 人格模型理论，作为逆权管有的理由在本案中表现为原告对争议财产的依赖，从而与效率和公平原则达成一致。法庭最后判决，依据效率和公平原则，争议财产归属原告 McLean 更合适。[⑤]

（二）McLean v. DK Trust 案引发的批评

科罗拉多州博尔德市的案件审判产生的这种不公正感引起了轩然大波：一时间，从地方到整个国家都将邻居之间的纠纷作为了公众热点话题，并引爆了对科罗拉多州司法系统和逆权管有规则的批评。[⑥]“逆权管有的影响是邪恶的，这种不道德行为能够成长成为权

① Martin S L. Adverse Possession: Practical Realities and an Unjust Enrichment Standard [J]. Real Est. LJ,（2008）, 37: 133.

② See Jeffrey Evans Stake, The Uneasy Case. for Adverse Possession, 89 GEO. L. J. 2419, 2473（2001）; see also JESSE DUKEMINIER & JAMES E. KRIER, PROPERTY 128 – 29（5th ed. 2002）.

③ See Oliver Wendell Holmes, The Path of the Law, 10 HARV. L. REV. 457, 476 – 77（1897）.

④ McLean, No. 06 CV 982, slip op. at 6.

⑤ No. 06 CV 982, slip op. at 1（Dist. Ct. Colo. Oct. 17, 2007）.

⑥ Martin S L. Adverse Possession: Practical Realities and an Unjust Enrichment Standard [J]. Real Est. LJ, 2008, 37: 133.

力完全是毁灭性的灾难。"① 案件甚至引发了道德危机，美林教授和史密斯提出了不同寻常但合乎情理的"关于财产的法与道德协会"。②

当地歌手唐·Wrege 将这些土地纠纷写进歌曲《从邻居那里盗窃地》《这块地是唐和苏西的》《伊迪和迪克（圣诞怪杰主题）》里面，参加支持 Kirlins 的抗议野餐。美国国家公共电台、NPR 广播、丹佛邮报、韦尔日报、砾每日摄影、洛基山脉新闻报都对此事进行了报道。③

法学界对 McLean v. DK Trust 案判决也提出了批评，如 Martin S L. 认为 McLean v. DK Trust 总结为八个方面：

1）McLean 擅入 Kirlins 的财产的明知；

2）McLean 未经允许而使用 Kirlins 的财产和未经支付而使用；

3）McLean 利用了他的专业知识中的逆权管有的规则；

4）Kirlins 的财产所有权不存在问题；

5）财产 Kirlins 有意将来使用；

6）McLean 的使用不是"更高效率的使用"；

7）irlins 缴纳了他这一财产的自始至终的税款和 McLean 从未为这一财产而缴纳过税款；

---

① Brown C N, Williams S M. Rethinking Adverse Possession: An Essay on Ownership and Possession［J］. Syracuse Law Review, 2010, 60（3）: 10.

② Thomas W. Merrill & Henry E. Smith, Law and Morality: Property Law; The Morality of Property, 48 WM. & MARY L. REV. 1849（2007）.

③ 当时的争议信息主要来自：美国国家公共电台的地主和入侵者在控制地块上的权利斗争，所有考虑的事情，NPR 广播，2007 年 12 月 10 日；乔伊東，土地掠夺案件不稀奇，丹佛邮报，2007 年 11 月 26 日；博尔德一对夫妇可能失去三分之一的土地，韦尔日报 2007 年 11 月 25 日；鲍勃·格林利，我们的不良家产，砾每日摄影，2008 年 2 月 24 日，AT B11；希思 URIE，罗普斯"地"法，洛基山脉新闻报，2008 年 2 月 7 日。参见 Anderson G P, Pittinos D M. Adverse Possession After House Bill 1148［J］. Colo. Law, 2008, 37: 73, 74.

8）Kirlins“将失去的约300 000美元的高价值和McLean将不需任何支付即可获得。①

这几个方面所产生的不公正是如此剧烈：“土地所有者为他们的财产缴税多年，并期待着有一天会在那里建立美好家园，却给陌生人占领了，令人震惊。”② 进一步让人不可接受的是，“他们公开、未经业主同意地使用了十八年，价值数十万的美元的物业可能会白白成为他们的。”③ 令人加剧愤怒的事实是：逆权管有人本是律师，明知土地不是他们所有。④ 尽管逆权管有人对诉争土地存在所谓使用上的“密切联系”，但存在土地的所有权人对土地的期待以及逆权占地者对土地所有者权利的明知，难道逆权管有不是违背土地所有者的人格？再进一步，逆权管有人明知土地的所有权属于他人的正当性意志下，逆权管有难道不是也违背了自己的人格？可见人格理论不能解释逆权管有。

另一方面，逆权管有是否会带来公共利益？从该案来看，逆权管有增加了对财产的不安全感。因为财产权利的保护，需要协调大量陌生人的行为，无论是法律和自救，如架设围栏和雇用警卫，但都难以保证必需而且广泛的合规性。⑤ 特别是对物业财产制度整体而言，民间有“自动前法律“的直觉，但这是错误的，是侵犯财产

---

① Martin S L. Adverse Possession：Practical Realities and an Unjust Enrichment Standard［J］. Real Est. LJ，2008，37：133.

② 同前引 Martin S L. Adverse Possession：Practical Realities and an Unjust Enrichment Standard，133。

③ 同前引 Martin S L. Adverse Possession：Practical Realities and an Unjust Enrichment Standard，133。

④ 同前引 Martin S L. Adverse Possession：Practical Realities and an Unjust Enrichment Standard，133。

⑤ Id. at 1850.

权利，特别是盗窃，跨越边界，和占有干扰。[①] 正如 Carol Necole Brown 和 Serena M. Williams 认为的，逆权管有不仅不会带来公共利益，而且引发了很多内在问题，它使所有权制度体系的价值降低。[②] 逆权管有是否会带来公共利益亦不确定。

二、科罗拉多州 1148 法案对逆权管有的改革

McLean v. DK Trust 案引起了强烈反对意见和批评，最终引发了 2008 年州逆权管有法规的修改。[③] 众议员罗布 · Witwer、R－长青、以及参议员罗恩 · Tupa、D－博尔德共同发起了修改逆权管有制度的 1148 号法案。该法案获得了广泛的支持，包括两党的支持。该法案要求逆权管有者信奉"诚信"，土地实际上是他或她自己的。州长比尔 · 里特很快就批准了 1148 法案。众议员罗布 Witwer 表示，这是业主的胜利。[④]

美国科罗拉多州 1148 法案修改了长期的法律概念，即公开、不断使用别人的土地 18 年后，入侵者取得别人土地的权利。修改内容，首先是将逆权管有的敌对的要件修改为善意地认为善意且正当的以所有人的意愿占有。其次是将举证责任由优势证据责任转变为明确地有说服力的证据责任。最后，也是最重要的，允许以郡税务评估师评估的市场价格补偿给原所有人以实际价值以及占有开始以来的税费及利息。[⑤]

---

① Id. at 1894. Martin S L. Adverse Possession: Practical Realities and an Unjust Enrichment Standard [J]. Real Est. LJ, 2008, 37: 133.

② Brown C N, Williams S M. Rethinking Adverse Possession: An Essay on Ownership and Possession [J]. Syracuse Law Review, 2010, 60 (3): 10.

③ See COLO. REv. STAT. § 38－41－lOl (West 2007 & Supp. 2009).

④ http: //www. coloradodaily. com/ci_13095851, ColoradoDaiLY. com.

⑤ Id. § 38－41－101.

议案的说明形容它的目的是，“防止人知道自始至终他并不拥有的财产却意图得到”。[1] 拿走他人财产的结果，却并没有做错任何事，这使我们对法律、对通过逆权管有成为主人的左邻右舍进行负面评价。[2] 1148 法案允许以郡税务评估师评估的市场价格补偿给原所有人以实际价值以及占有开始以来的税费及利息。[3] 这一方面反映了效率优先性，另一方面也在一定程度上保障了业权人的利益，较好地兼顾了正当性和公共利益。

三、科罗拉多州逆权管有改革的影响

科罗拉多州 1148 法案通过后，美国佛罗里达州和纽约州[4]也都修法使得逆权管有的条件比以前更加严格。例如，美国佛罗里达州分别于 2013 年 3 月 13 日、7 月 1 日生效的两个修订案，逆权管有的条件增加了占有人已经缴纳相关税费、占有人已经偿付抵押欠款、占有人已经未在相同时间逆权管有多个物业等。[5]

McLean v. DK Trust 案对逆权管有制度的挑战是成功的，其直接促发了制度在科罗拉多州及其他州逆权管有的改进，限制了通过逆权管有取得权利条件。

---

① Martin S L. Adverse Possession：Practical Realities and an Unjust Enrichment Standard［J］. Real Est. LJ，2008，37：133.

② Martin S L. Adverse Possession：Practical Realities and an Unjust Enrichment Standard［J］. Real Est. LJ，2008，37：133.

③ Id. § 38 –41 –101.

④ N. Y. REAL PROP. ACTS LAW § § 501 – 543（McKinney 2008）；Estate of Becker v. Murtagh，968 N. E. 2d 433，437 n. 4（N. Y. 2012）.

⑤ Latovick P. R.，“Adverse Possession Against the States：The Hornbooks Have It Wrong，” U. Mich. JL Reform，vol. 29，no.（1995），pp. 939.

四、启示

保护财产权也是保护人权。逆权管有不仅与人权冲突，和财产权的冲突也非常明显。McLean v. DK Trust 案显示了社会对逆权管有正当性的普遍怀疑。在人的财产权利意志和财产充分利用的功利之间，显然功利没有丝毫立足之地。法院基于功利主义对逆权管有正当性的解释，完全没有得到社会法承认，功利主义在此是失败的。

科罗拉多州的立法，取善意而舍恶意，保全了逆权管有制度。首先说明，善意能够缓解逆权管有制度的正当性缺失，避免恶意带来的逆权占有人和原权利人之间的冲突，给逆权管有制度开辟了新的理解途径；其次也说明，逆权管有制度尽管有种种对正当性的背离，仍然是不可缺少的制度。

第三节　香港逆权管有制度的改革检讨

一、香港逆权管有制度存在的主要争议

（一）业主立案法团是否有可能成功取得逆权管有

1. 明霸有限公司诉新蒲岗大厦业主立案法团及其他人案①

（1）基本案情

明霸有限公司诉新蒲岗大厦业主立案法团及其他人案涉及争议的物业，是一幢建于 1968 年的大型商住两用大厦的天台。在 800 份

① ［2006］4 HKLRD 1.

不可分割份数之中，有十六份是分配给面积约16,800平方呎的天台。原告人（上诉时为答辩人）在1987年成为该十六份的份数拥有人。根据公契，原告人有权取得天台的独有管有权（天台由宽约10吋的矮墙包围），并在天台之上加建一层楼面，但管理公司有通道权，可通往天台上的一些公共设施。不论是原告人还是其前任，都从来没有围封天台亦没有限制他人通往天台。原告于2001年提出法律程序要求管有天台，而被告人（即大厦的业主立案法团）所提出的抗辩理由之一，是被告人已逆权管有天台20年。

（2）判决概要

上诉法庭在明霸有限公司诉新蒲岗大厦业主立案法团及其他人案（Shine Empire Ltd v. Incorporated Owners of San Po Kong Mansion & Others）中认为，① 业主立案法团可能成功取得逆权管有，但法庭不会轻易裁定支持某个业主立案法团违反公契而将私人物业据为己有。原因在于，业主立案法团的法定职权为管理公用部分并确保公契②得到遵从。判决认为业主立案法团逆权管有私人物业的行为逾越了业主立案法团的法定权力和职责范围，而有关的业主立案法团本来是有意图在其法定职权范围以外行事的可能性不高。但事实上无人提出让该法团如此行事的决议案作为证据，而且也无人坚称有此决议案存在。虽然不排除可能是基于擅自占地者或甚至是业主立案法团相信所占土地属其所有而产生。但是，以该案法团的情况来说，上述错误并无发生，因此业主立案法团未能取得占有物业业权。

2. 争议

本案涉及业主立案法团违反法人的职责范围对其逆权管有的影

---

① ［2006］4 HKLRD 1.

② 《物权法》上对应的是业主公约。

响。违反法人的职责如果单纯从形式分析似乎不能作为业主立案法团的意思，然而事实上也不能一概否定。如果逆权管有虽然不是业主委任事项但是属于业主组织管理事务所需，笔者认为仍应当属于业主立案法团的意思。即使属于错误行为，从业主立案法团意志上讲，也是执行业主委任事项，亦不影响成就逆权管有的效果。毕竟，之一意志及其行为通常会一直延续下去。

上诉法庭法官袁家宁认为，“一项符合业主立案法团正常活动的行为，不一定代表它不可以是一项明确的剥夺管有权行为。一个简单的例子，便是在大厦的天台加建管理处。有关的议题仍然是：业主立案法团是否取得土地的实质控制，而其是否意图将土地据为己有和使用？对土地的管有，可能是基于擅自占地者或甚至是业主立案法团的错误——相信土地（即公用部分）属其所有而产生。①”因此，仍有可能取得占有的他人物业。

业主立案法团是香港住宅区业主组织。其地位相当于内地的业主大会，但依据香港法律，业主法团具有法人地位。增建行为不仅是逆权管有私有部分，如本案的天台部位，也涉及逆权管有公共空间和违反城市规划对逆权管有的影响，就此仍有待第二章第二节进一步探讨。

（二）多层建筑物的共同业主可否就公用地方要求取得逆权管有

1. 重庆大厦业主立案法团诉 Shamdasani 案②

（1）基本案情

在重庆大厦业主立案法团诉 Shamdasani 案（Incorporated Owners

---

① 参见 Gray and Gray，Elements of Land Law（第 3 版）267 页所载的讨论以及所提到的案例。

② ［1991］2 HKC 342.

of Chungking Mansions v Shamdasani）中，原告人是重庆大厦的业主立案法团。被告人是31个单位的业主，但这些单位之中却有16个（下称“问题单位”）未有显示在大厦的原有图则之上。这16个单位原是建于公用部分的凹位，又或者是以占用走廊及电梯大堂的方式而建造。原告提出诉讼，要求法庭作出禁制令（禁止被告人管有问题单位）及管有令，希望可依据1962年所订立的契诺契据中的契诺，就有问题单位的公用地方强制执行其权利。被告人的抗辩理由之一，是在现有法律程序于1988年2月8日展开之前，他本人及先前的业权持有人T，已剥夺了其他共有人对问题单位所具有的权利超过20年。因此，根据《时效条例》（第347章）第7（2）条，原告人的诉讼权是受时效禁制的，而原告人对有问题的单位所具有的业权，也已被第17条终绝。

（2）判决概要

法庭在驳回被告人以时效期为理由所提出的抗辩时，裁定如能证明逆权管有是在原告人成立为法团之后针对共有人而展开并持续为期共达20年即已足够，无须另外证明逆权管有在原告人（即业主立案法团）成立为法团之后也针对原告人持续了20年。原因是，原告人没有独立诉讼权，只是获赋行使共有人权利的独有权利而已。高院暂委法官陈振鸿在处理此问题时表示：分权共有人的权益是分开和独立的，而时效期的作用是对自己的特有权利遭到侵犯的人个别提出诉讼的权利施加禁制，所以情况应当是：第一、时效期有可能针对不同的分权共有人而由不同的日期开始计算；第二、管有可能对部分分权共有人来说属于逆权，但对全部分权共有人来说并非均属逆权。因此，情况必然是逆权管有的展开日期，以及管有属于逆权的情况，对土地的所有分权共有人来说未必全部相同。这个问题通常很少会出现，但在这宗案件中却的确出现了。被告人必须证明，在原告人成立为法团之前的时间，就未有转让给他的土地和建筑物的其他不可分割份数而言，曾有针对每一名持有人的逆权管有存在。

2. 何文田大厦业主立案法团诉跃利投资有限公司案①

（1）基本案情

在何文田大厦业主立案法团诉跃利投资有限公司案（Incorporated Owners of Homantin Mansion v Power Rich Investment Ltd）中，地下单位正外方的庭院，原本是划为公用地方的一部分，但被该单位的业主围封超过20年。大厦的业主立案法团要求法庭发出清拆围封构筑物的强制令，以便其他单位的业主均可通往该庭院。地下单位的业主要求取得针对业主立案法团及其他单位业主的逆权管有。

（2）裁定概要

土地审裁处裁定认为，涉及多层建筑物公用地方的逆权管有，会带来重大影响和复杂问题，有可能非属第347章第7（2）条的原来构思范围之内。由于司法管辖权有疑问并且涉及重要的政策和法律议题，土地审裁处把申请转交高等法院审理。②

---

① LT Case No BM 41 of 1996.

② “要解决这个问题，非经深思熟虑不可。本席认为《时效条例》的条文，并非特意针对多层建筑物公用地方的特定逆权管有问题。本席希望这个涉及重要政策的问题，可以通过法规解决，有必要时可在广泛咨询公众后修订《时效条例》，而不是以法官提出理据来支持裁决的方式解决。本席倾向于认为，逆权管有如涉及受《时效条例》规管的公用地方，便不应获得批准，但这看法不一定对。年纪较长更有智慧的法官在有机会研究本案后所提出的意见，必然可令公众以及政府的行政部门得益。”LT Case No BM 41 of 1996，李宗锷法官判词第6段。

3. Incorporated Owners of Man Hong Apartments v Kwong Yuk Ching & Ors 案①

（1）基本案情

在 Incorporated Owners of Man Hong Apartments v Kwong Yuk Ching & Ors 案中，上诉人是有关大厦的业主立案法团，针对第一及第二答辩人（两人为夫妇关系）以及第三答辩人（一家以第一及第二答辩人为董事及股东的公司）展开法律程序。诉讼涉及位于大厦公用部分的一个被指称属僭建的构筑物，毗连第三答辩人店铺的部分通道（下称“涉案的通道部分”），而该店铺由第三答辩人拥有，以前曾由第二答辩人以租客的身分占用。上诉人声称该僭建构筑物及其占用通道的情况，违反了公契及第 344 章第 34I 条。答辩人在抗辩书中表示，他们及其先前的业权持有人已逆权管有了涉案的通道部分，所以上诉人的业权已告终绝。因此，上诉人的申索是受到时限禁制，而上诉人亦已失去根据公契可强制执行有关契诺的所有权利。

（2）判决概要

区域法院法官裁定，答辩人已成功证明有逆权管有存在，故此判答辩人胜诉。上诉人向上诉法庭提出上诉，而上诉法庭则以逆权管有以外的理由推翻原有裁决。②

---

① ［2001］3 HKC 116.

② 上诉法庭裁定，有关的契诺是与店铺有关，而公契所有条文下的利益和责任均属明示，并且旨在随同所有共同业主的土地一起生效。店铺与涉案的通道部分，毫无疑问须受公契所载的条款约束，而原告人作为大厦的业主立案法团，是可以强制执行该等契诺的。即使被告人能够确立逆权管有，涉案的通道部分仍须受公契约束。关于时效期的法规，不适用于因公契条款遭违反而提出的申索，因为这类法规不等同于普通法的诉讼权。在衡平法中，构成疏忽延误（laches）的要素，是已过去了好一段时间，以及出现了一些可令强制执行此类申索有欠公平的情况。被告人未指出任何可令案中的延误成为致命伤的情况，而原告人提出诉讼并无时限。

4. 争议

多层建筑物的共有人似乎可以就公用地方要求取得逆权管有，但学者却有不同的看法。Paul Kent 认为，由于每一名共同业主均有权使用公用地方，所以普遍认为一名拥有人不能以另一名拥有人侵占该等地方而起诉对方。基于同一理由，我们假定一名拥有人不能通过《时效条例》（第347章）第7（2）及17条的适用而取得公用地方的业权。如一名共同业主把公用地方改建作为己用，或不合理地干扰其他共同业主使用公用地方，可针对他而提出的适当诉讼，应是指控他违反公契中的明示或隐含条款。”①

虽然逆权侵占者的确违反了公共契约的明示或隐含条款，但这不能否定其具有管有事实和管有意图。因此，笔者认为以此否定对建筑物区分所有或者多层建筑物共有部位的逆权管有并不充分。

笔者认为，在业主组织未成立之前，一名业主占据公共部位的时间不能作为取得时效的有效时间，因为业主组织未建立，不仅是公共组织整体，而且每个个人都不能有效表达驱逐和反对的意志，因此客观上不能反对的时间不能代表有权表达意志的业主不反对。在业主大会成立后，只要有一名业主对占有公共部位表示反对并反映在业主组织管理过程中，基于业主公约，业主有权向业主组织提出管理意见，不论业主组织是否实施实际的反对和驱赶，都应当起到中断取得时效的作用，因为业主组织虽然未能实际地反对和驱赶，但能够证明业主的意志，而且这一意志是受法律保护的合法的意志。是否能够以个别业主不能形成业主组织表决的必要多数来反驳上述

① Paul Kent, Malcolm Merry and Megan Walters, *Building management in Hong Kong*, Hong Kong: LexisNexis, 2002 年，第 301 页。

观点呢？这里有必要分析公共资源和无主物的区别。公共资源是公共所有，公共使用。在管理的过程中，涉及部分人相对有利部分人相对不利的情况，一般以多数或绝对多数来表达共同意愿。但是在表达是否抛弃自己的利益问题上，有必要在组织内以除占有人以外的所有人同意的方式来通过。相类似的情形是，在征求是否可以作为商业用途的问题时，就需要所有相关业主的全部同意。

在占有的期间，只要能够证明明确表达了反对意见就可以中断取得时效的时间。对于其他以公共服务为目的的场所，亦同。只要有利益相关人反对意见事先存在就不得确定为其逆权管有。因此，可以简单地总结为，对公共服务范围内难以逆权管有。

在对公有财产和公共资源的取得时效问题上，笔者认为取得标准趋向于严格。从资源保有和利用历史的发展过程看，公共财产和公共资源是从丰富到逐渐贫困的变化；从公共管理的历史发展来看，公共物品的生产和公共管理的发展是从简单到丰富的过程。在资源丰富的情况下，个人对资源的取得与他人对资源的取得相关性不大，而对个人的生活影响却很大。在管理缺乏的情况下，个人的生活只能靠自给自足，依靠国家或公共机构的提供难以保证，政府也难以及时做出管理甚至没有必要及时地规范个人生活中利用资源的行为。但是在资源较贫困，管理比较成熟的情况下，个人与个人之间在资源利益上紧密相连，管理和规范个人的行为都是非常必要的，也会及时地发生。因此，原来不承认个人行为上的取得时效的合法性是背离个人生活需要的，而现在不严格取得时效的条件则会造成个人对公共资源和公共环境的巨大破坏。

（三）一名共同业主可否逆权管有另外共同业主管有权

1. 黎惠娟诉黄守光案①

（1）基本案情

在黎惠娟诉黄守光案中，有关的土地是由 Lai Shau Yuen（下称黎氏）及被告人黄守光于 1949 年 8 月 25 日以分权共有人的身分联名注册。黎氏于 2000 年 5 月 3 日去世，而原告人（黎氏的侄女）及 Wong Kwai Mui 获委任为黎氏遗产的执行人。Wong Kwai Mui 透过一份日期为 2001 年 5 月 4 日的允许及确认书，放弃她对物业所具有的权益，并允许原告人拥有物业的产业权权益。有关土地之上建有一间房屋，并由黎氏占用直至 1982 年为止，而与物业有关的所有支出亦由黎氏负责支付。黎氏由 1982 年开始把该间房屋出租给一名周姓租客。原告人在黎氏去世之后，负责管理物业并向该名周姓租客收取租金。原告人又负责支付所有因物业而产生的支出，包括政府地租和差饷在内。原告人后来有意重建该间房屋，故此需要取得被告人（亦即另一名共同业主）的同意。原告人无法找到被告人，于是要求法庭宣布被告人对物业所拥有的权益已告终绝。

（2）判决概要

法庭裁定，由于被告人及黎氏是共同业主，故此须有剥夺权利（ouster）的情况出现才可视黎氏对物业的管有为逆权管有。林文瀚法官在判决书中说："被告人在一段很长的时间（由 1950 年代直至今日）之内完全没有占用或进入该物业，他完全没有要求交代账目，而多年以来亦无人向他缴付租金或利润。事实上，他的业权也未有得到承认。黎女士及其租客是在不受打扰和安宁的情况下长期

① ［2004］4 HKC 528.

管有物业。法庭可推定在此情况下已出现剥夺权利的情况，而本法官也会如此推定。”

2. 争议

黎惠娟案只涉及两名分权共有人。在涉及多层建筑物的情况中，一名分权共有人对物业的管有，必须相逆于所有其他共同业主才会产生管有业权。

管有是以整体而论，共同业主（联权共有人或分权共有人）有权占用整体土地或收取整笔租金或利润，但此点本身不构成逆权管有。原因是每一共有人都有权使用整体土地并代表全体共有人收取整笔租金或利润。这时整体的占用不一定与其他人的占用产生冲突。因此，要触发逆权管有时效开始计算的时效期，仍须有某些进一步的行动，例如是剥夺权利。① 如果其中一名共同业主长期独享权益，且未将整笔租金或利润转归全体业主，则可推定已出现剥夺权利的情况。②

内地对建筑物区分所有的共有部位没有明确登记，相关的面积是登记在每个共有人的名下，因此在取得时效的具体过程中与英美法系下香港的规定会有较大的差异。在英美法系中，例如香港，逆权管有是否需要确认程序还是经过法定时间后自然而然就具备了业权人的管有人资格，需视情况而定。在注册业权制度下，则会有更严格的要求。在内地大陆法系的登记制度下，同样应当通知所有公共部位的共有人，视其对取得时效的意见不同，如果反对，则不能

---

① C Harpum（主编），*Megarry & Wade*：*The Law of Real Property*（Sweet & Maxwell，2012 年第 8 版，第 35 – 042 段。

② *Doe d Fishar v Taylor*（1774）1 Cowp 217；参看 *Doe d Hellings v Bird*（1809）11 East 49。

取得共有部位。因此，事实上取得共有部分十分困难。

(四) 批租产业逆权管有后续争议

由于香港实施土地年期批租制度，因此有必要研究在逆权占地者终绝了纸上拥有人（即原来的政府土地承租人或继后的承让人）的业权后，逆权占地者和纸上拥有人在政府租契下有什么法律责任。

1. 如被剥夺管有权的业主是原来的政府土地承租人的承让人，原来的政府土地承租人，是否仍须根据政府租契就发生于他已把租契转易后的契诺遭违反事件负法律责任？

在英国 City of London Corporation v Fell 案中，① 判决持否定意见。原因在于，租约是可以作为财产的一种而独立存在于订立它的合约之外，如果原租客的法律责任已解除或以其他方式消失，租约所批给的年期却存在，而承让人亦应就契诺而负法律责任。但在香港 Chan Tin Shi v Li Tin Sung 案中，② 终审法院似乎认为新界契约虽然通过《新界土地契约（续期）条例》取得法定续期，但政府批租土地的原承租人仍有法律责任缴付须在已续期的年期内付给政府的租金。理由在于《新界土地契约（续期）条例》的作用，是重新确定在原有政府租契下所批给的年期，而不是在原来租期完成时批给政府土地承租人新的年期。因此，一般情况下，原来的政府土地承租人，不必因以后的契诺遭违反而承担法律责任。

有批评指被剥夺管有权的租客，不应该可以与业主合谋透过退回租契令擅自占地者的权利无效而从中得利。这批评虽然不无道理，但也没有理由任由租契所订的契诺不获遵行。

---

① ［1994］1 AC 458.

② （2006）9 HKCFAR 29，第 41 页 G 行。

2. 在承租人的业权遭逆权管有后，承租人可否通过向出租人退回批租契，从而使出租人得以要求行使土地的管有权并以此方式来终止擅自占地者的业权?

这一问题在英国 Fairweather v St Marylebone Property Co Ltd 案[①]中认为出租人可以要求行使土地的管有权并以此方式来终止擅自占地者的业权。判决曾引起广泛争议，英国法律改革委员会对该案裁决意见存在分歧。[②] 争议的关键在于租客的“业权”是否仅相对于擅自占地者而言已告终绝，而相对于业主而言却依然存在。在 Chan Tin Shi v Li Tin Sung 案中，香港终审法院判决租客仍须就被逆权管有的物业批租契的契诺而承担法律责任，认为租客的“业权”只是相对于擅自占地者而言已告终绝，相对于业主而言却依然存。因此，出租人可以要求行使土地的管有权并以此方式来终止擅自占地者的业权。

3. 如管有人已逆权取得出租房产的管有，而业主亦已收取管有人的租金，那么业主能否根据批租契的维修契诺起诉逆权管有取得业权人呢?

英格兰上诉法庭于 1892 年在 Tichborne v Weir 一案[③]的一致裁定不能被起诉。香港法律委员会有关逆权管有的《报告书》则认为，在普通法中，擅自占地者无须就被逐承租人的政府租契中的契诺而负法律责任，但若然契诺在衡平法上可作为限制性契诺而予以强制执行，则属例外。[④] 如政府租契载有没收批租权的条款，则未

---

① ［1963］AC 510.

② Law Reform Committee，《诉讼时效最后报告书》（*Final Report on Limitation of Actions*），1977 年，第 46 段。

③ （1892）67 LT（NS）735.

④ *Tichborne v Weir*（1892）67 LT 735. S Nield，*Hong Kong Land Law*（朗文出版社，1998 年第 2 版），第 7.5.2.3 段。C Harpum（主编），*Megarry & Wade*: *The Law of Real Property*（Sweet & Maxwell，2012 年第 8 版），第 35 - 63 段。

有缴付地租或履行其他契诺可令政府有权没收批租契，并向擅自占地者要求取回土地的管有权，即使擅自占地者并无责任遵从契诺，情况也是一样。①

在逆权管有制度下，契约持有人不但失去管有业权；他在失去管有业权后，还须继续负担土地的责任：他或须缴交差饷，支付地租，并履行其他契诺责任。② 为处理这个不合情理的情况，香港当局曾考虑应否制定一项法定推定，表明擅自占地者在时效期内剥夺纸上拥有人的管有权后，须根据政府租契视为有关土地的纸上业权拥有人的承让人，以使擅自占地者须就契诺而负法律责任。③

笔者认为，以上解决模式实在是无奈之举。逆权管有非但没有起到稳定财产秩序的制度功能，反而将擅自占地者与承租人间的矛盾蔓延到了业主。有些情况下，逆权管有人实质上是受让人，逆权管有能保护其利益，而业主以管有权收回被逆权管有的业权也并不公正。这种解决方式是契据注册制度下受限的必然性。因此，问题的根源在于，契据注册制度具有的业权外观不清的缺点和逆权管有制度对业主意志定性不准两个方面。因此，笔者认为这一问题的解决应以逆权管有为基础，必须回到前问题“批租业权的逆权管有条件为何?”才能做出合理的回答。事实上，关于逆权管有的《报告书》中已经提出了注册业权制度实行后学习英国逆权管有相关制度的设想。按照这一设想，批租业权的逆权管有应当在承租人同意或终绝的条件下才能成立。在业权注册制度下，尤其是业权注册制度

---

① S Nield, *Hong Kong Land Law*（朗文出版社，1998 年第 2 版），第 7.5.2.3 段。C Harpum（主编），*Megarry & Wade*：*The Law of Real Property*（Sweet & Maxwell，2012 年第 8 版），第 35 - 063 段。

② 裕杰发展有限公司诉律政司司长（HCAL 32/2006 第 15 段）。

③ 参见 2014 年香港法律委员会有关逆权管有的《报告书》，第 138 页。

下逆权管有须通过通知、公告、注册一系列的程序，对这些问题予以有效解决。通知现业权人，通知现业权人与完全产权人间利益相关人。认可逆权管有的同时也要确认其租契上的义务，这样以上问题即可迎刃而解，又保护了业主承租人和逆权管有人的利益。

（五）祖地是否能适用逆权管有

在 Leung Kuen Fai v Tang Kwong Yu T'ong or Tang Kwong Yu Tso 案[①]中，暂委法官林文翰作出的裁定认为：第一、就祖地而言，相关的信托是一项为“祖”的成员而设的信托，并非一项为达到某些目的而设的信托；虽然法庭未有打算就尚未出生的“祖”的成员是否在“祖”的财产中占有权益作出裁决，但法庭会保护该等财产。[②] 第二、现有成员在“祖”的土地财产中具有实益权益，而上述权益是《时效条例》第 10（1）条所指的土地的衡平法权益。[③] 第三、虽然在一般的情况中，采取行动者会是“祖”的司理，但由于“祖”的成员的身分是受益人，他们也可以针对陌生人而提出申索，要求取得祖地的管有权。[④] “祖”的成员自己可以展开法律程序，但可能须将司理加入为被告人。第四、“祖”的新生成员并不是通过另一人作出申索（此词须按《时效条例》所指者理解），[⑤] 如某成员因未成年而无行为能力，《时效条例》第 22 条就延长时效期所订的条文，会适用于该名未成年的成员，但《时效条例》第 22（1）条所订明的例外情况，全都不适用，事实上，时效期会在该

① ［2002］2 HKLRD 705.

② 判决书第 27 及 30 段。

③ 判决书第 32 段。

④ 判决书第 33 及 42 段。

⑤ 判决书第 43 段。

名成员达到成年岁数后延长六年。[①] 第五、每当有新成员出生，祖地即产生一项新的衡平法权益。根据第7（2）及22条，新的时效期会开始计算。新的时效期会在该名成员不再是未成年人后六年才届满。[②] 第六、由于《时效条例》第10（2）条的规定，只要最少还有一名收回土地的权利不受禁制的实益拥有人存在，受托人（或司理）的业权即不会终绝。[③]

我们可以将祠堂、墓地等祖地看作一种特别的共有。它在乡村生活中，甚至在城市也存在，具有着特别的功能。这些土地及土地上的房屋不用来居住，也非某具体个别人所有，甚至有时不明确其共有人成员，例如农村集体经济组织成员进入城市后，保留了农村的房屋，也在一定时间内会回到农村参与农村的习俗，这些祖地一般也未登记。但是只要有宗族人员对该祖地的继续使用即不能被取得时效或逆权管有，不论侵占人是宗族内成员还是宗族外成员。如果祠堂、墓地造于他人土地上，还会出现对他人的逆权管有问题。他们可以向土地原权利人就其使用利益提出逆权管有。具体而言，对祠堂应当是土地所有权或地上权的逆权管有，对墓地则应当仅是在墓地的使用功能上的使用利益的取得，也即是地上权和地役权的取得时效。

Leung Kuen Fai v Tang Kwong Yu T'ong or Tang Kwong Yu Tso案[④]在Wong Shing Chau v To Kwok Keung案中，[⑤] 获上诉法庭考虑而案中的裁决也得到确认。因此，实际上对于祖地来说，除非有人

① 判决书第37段。

② 判决书第45段。

③ 判决书第46段。

④ 同上引。

⑤ CACV 20 of 2008.

可以显示“祖”已完全后继无人，否则擅自占地者的业权是无法确立的。即使擅自占地者有办法终绝某个祖堂的全部现有成员的业权，这个“祖”往往仍有可能在日后增添新成员。关于此点，即使可在生理角度显示现有成员不可能生儿育女，也不表示“祖”不会有新成员加入，因为仍然会有人可以根据中国法律和习俗而有权继承“祖”的成员的权益。

（六）其他争议

1. 逆权管有一般是否要求侵占

Common Luck Investment Ltd v Cheung Kam Chuen 案[①]中，根据《时效条例》而存在逆权管有的唯一要求，是针对管有有关土地的人的诉讼因由应已产生。逆权管有一般并无要求侵占。

2. 接续的擅自占地者可否确立逆权管有

在 Tsang Tsang Keung v Fung Wai Man 案[②]中，涉及接续的擅自占地者可否确立逆权管有的问题。张泽佑法官在 Ng Lai Sum v Lam Yip Shing & Anor 案中的说法：“……法律明确指出，第二名擅自占地者可把首名擅自占地者管有土地的时段与自己的相加，以完成管有土地的时段。”[③]

受勋上诉法官基尔（Kay LJ）在 Willis v Earl Howe[④] 一案第 553 页中清楚述明：“连续性的逆权管有，如已达到法定时段，则即使是由多名并非互相通过对方提出申索的人士接续地作出，依本席之见，也会对真正的业主构成禁制。”[⑤]

---

① ［1999］2 HKC 719.

② HCA 11328/1996.

③ Megarry & Wade，P1036.

④ Willis v Earl Howe［1893］2 Ch 545.

⑤ HCA 2963 of 1998，p8.

二、香港逆权管有制度改革情况

香港逆权管有制度的改革基于业权注册制度的引入。香港现行有效物业登记制度是契据登记制度，基于改善物业拥有权的效率和安全性考虑，香港决定引入业权注册制度。2004 年 7 月香港制定了《土地业权条例》（第 585 章）。《土地业权条例》保留了逆权管有制度。在该条例第 28（1）（k）条明确规定，依据《时效条例》（第 347 章）逆权管有的所谓“凌驾性权益”[①] 优先于注册土地，且凌驾性权益基于其性质并不需注册。这样就存在了逆权管有制度在注册土地上的正当性冲突。

基于逆权管有制度在注册土地上的正当性冲突，以及逆权管有制度在现有非注册业权制度下的争议，实施《土地业权条例》的条件是政府必须对逆权管有制度进行全面检讨，并在建议实施日期之前先向立法会作出汇报。2007 年 5 月，香港特区政府以委员会档的形式，表示检讨发现需要大幅修订《土地业权条例》，[②] 以确保新制度可有效运作。关于逆权管有规则在注册业权机制中如何适用，香港法律委员会在 2012 年发布了关于逆权管有的 2012 年《咨询档》，并于 2014 年发布《报告书》，对这一制度进行了广泛探讨。

香港逆权管有的基本情况是，既是争议的焦点，又难以舍弃。根据《咨询档》中的统计，自 2002 至 2011 年，香港涉及逆权管有的争议案件共 126 宗，虽然数量不大，但争议较大。逆权管有争议案件已多次上诉至终审法院。有法律界人士认为，逆权管有的法律

---

① 依据《时效条例》已取得或正在取得的相关土地的任何权利，已使注册拥有人的业权已告终绝或将于时效期间届满后终绝。

② CB（1）1643/06－07（07）．

复杂而多变，既可能涉及庞大利益，又是当前备受关注的热点。[①]

就逆权管有现有的争议而言，裕杰发展有限公司诉律政司司长及其他人案（Harvest Good Development Ltd v Secretary for Justice and others）中夏正民法官的见解具有代表性，他认为现有的逆权管有条文应予保留。理由在于，逆权管有机制能够并确实发挥建设性的作用，且并非只是有破坏性的作用，这是无可否认的。他分析说，自 1843 年以来，关于时效和逆权管有的法律已是香港土地法律制度的一部分，该法律可以防止个人受到陈旧的申索影响，避免在界线或纸上业权不确定的案件中造成困苦，防止土地被弃用，以及便利物业转易。尽管现在借着各项成文法则和规例，可能已减少使用逆权管有机制的需要，然而这个机制仍然是香港土地法律制度中不可或缺的一部分。

就逆权管有制度与未来的注册土地制度之间的冲突，《报告书》总结法律界普遍意见认为，逆权管有法律应重新修订。通过对两法律规范的理解和英国逆权管有制度的争议和改革情况判断，把逆权管有法律不加限制地应用于注册业权制度，显然是没有充分理由支持的。单凭逆权管有并不足以使注册产业的业权终绝。如果要使注册业权制度真正发挥作用，注册业权人应可依据业权已予注册的事实来保障自己的权利，除非符合令人信服的特别条件，则属例外。[②]令人信服的特别条件主要包括三个方面：第一，注册记录册资料完备；第二，保障私有产权；第三，逆权管有的条件充分。[③] 在这三者之间取得了适度平衡的范围极窄的情况下，注册拥有人的权利应

---

① 陈庆辉：《逆权管有：最近的变化》，载《香港律师》，2006 年 10 月。

② 香港法律委员会，《逆权管有报告书》，2014 年，第 115 页。

③ 香港法律委员会，《逆权管有咨询档》，2014 年，第 112 页。

已得到保障。注册本身应是针对逆权管有的一种保障方式。而逆权管有应符合充分的条件。《报告书》建议这些条件主要是：

1. 业权已注册的土地的擅自占地者，只可在连续逆权管有该土地 10 年后才有权申请注册。

2. 注册拥有人会获通知擅自占地者已提出申请，并可对申请提出反对。

3. 如注册拥有人未在规定时间内提出反对，逆权管有人便可获注册。

4. 如注册拥有人提出反对，逆权管有人的申请便会失败，除非他能证明以下其中一种情况：（a）基于衡平法的不容反悔原则，注册拥有人谋求剥夺擅自占地者的管有权是不合情理的，而在该情况下，擅自占地者理应获注册为拥有人；（b）申请人基于其他原因有权获注册为业权的拥有人；或（c）擅自占地者在错误但合理地相信自己是毗邻土地的拥有人的情况下已逆权管有该土地。

5. 如擅自占地者未有被逐出并继续逆权管有土地再多两年，则擅自占地者会有权提出第二次申请，而有关事宜会转交审裁官裁决。①

三、启示

香港逆权管有制度与业权制度之间虽然存在冲突，但总的看来冲突并不十分严重。逆权管有制度在财产法律系统内的建筑区分所有、批租业权、祖地等方面有广阔的适用空间，可能涉及多方面的问题，提供多种功能。笔者认为，香港的逆权管有制度之所以冲突

---

① 同注 129 香港法律委员会，《逆权管有报告书》，第 115 页。这一建议借鉴了英国《2002 年土地注册法令》（Land Registration Act 2002）第 96 条的逆权管有制度。

不大，关键是其更多地尊重了当事人各方的意志。建筑物区分所有取得时效的冲突中，虽然公共利益是显而易见的，但是当逆权占有达到一定期限时，允许逆权管有，事实上并没有真正与业主的利益发生严重的冲突。原因在于即使是公共需要，也可能因不具有实际意义，或不具有紧迫性，而没有实际存在于权利人意志中。而对于祖地而言，虽然主体并不是特别清晰，但基于其功能，完全可以确认相关人对这种业权的意志是强烈的。

业权注册给香港的逆权管有制度提出了挑战，普遍认为逆权管有制度与注册业权的冲突应通过逆权管有制度的让步予以缓解。机遇与挑战同在，在契据登记下批租土地的逆权管有中，其未充分发挥其功能，但在将来的业权注册登记制度下，逆权管有制度只要处理得当，仍有可能发挥较好的功能。

第二章
民法法域取得时效制度的主要争议与发展

在民法法域中，近年取得时效制度出现争议和具有较明显发展的是我国的澳门和台湾地区。经过对文献的一般研究发现，传统民法法域法国、德国、瑞士、日本等国的取得时效制度都比较稳定，没有展现出可供特别注意的问题。而我国澳门和台湾两地区都出现了取得时效适用上的问题。因此本章只将我国澳门和台湾地区的取得时效制度的争议和发展作为研究对象，对传统民法法域法国、德国、瑞士、日本等国民法典中的取得时效制度进行了概貌式呈现。

第一节　典型民法法域取得时效制度概貌

古罗马颁布的第一部成文法《十二铜表法》第 6 表第 3 条规定："凡占有土地或房屋二年，其它物品一年，即因占有取得所有权"。典型大陆法域取得时效制度皆源于此。

一、法国

1804年生效的《法国民法典》，该法典继承了注释法学派取得时效与消灭时效具有共同本质的观念，在第三编第二十章，以“时效”为标题规定了取得时效制度。

取得时效主要适用于不动产①。《法国民法典》第2229条规定，为使时效完成，应具有以所有人的名义继续、不断、和平、公然并明显的占有。对于动产，依据第2297条之规定，适用即时取得制度，并不发生时效问题。

《法国民法典》第2230条强调了占有人之占有意思的“自主推定”：“占有人在任何时候均应推定以所有人名义为自己占有，但如证明其开始占有即为他人占有者，不在此限”。

《法国民法典》对取得时效的普通时效期间，在2262条设有一般规定为30年。对于短期时效，依据2265条规定，如不动产在管辖原所有人的高等法院管辖区域内，为10年，反之则为20年。

从占有上来讲，《法国民法典》取得时效制度对短期时效要求善意，只是依据其第2268条、第2269条规定：“在任何情形下占有均推定为善意，主张恶意者应负举证的责任”。不过《法国民法典》2233条规定：“胁迫的行为亦不得据以成立主张时效的占有。有效的占有仅自胁迫停止之时开始”。不仅如此，依《法国民法典》第2265条的规定，占有人须有正当原因才能适用取得时效制度。而此处的正当原因，则是指伴随所有权或物权的转移效果的法律行为，如买卖、赠予、互易等负担行为。

---

① 尹田：《法国民法上的取得时效制度》，载《法学评论》1998年第2期，第74页。

二、德国

1900 年开始实施的《德国民法典》继续把取得时效制度纳入民法典，但《德国民法典》在物权编规定了取得时效制度，将取得时效与总则编的消灭时效制度分别开来。同时将取得时效的客体，由单纯的所有权扩展到所有权以外的以占有为要素的限制物权。此后的《瑞士民法典》亦采此例。

《德国民法典》取得时效分为动产取得时效、不动产登记取得时效与未登记不动产取得时效三大类。对于动产的取得时效，《德国民法典》在物权编的第三章所有权专门安排了一个取得时效小节 9 个条文（937－945 条）做出规定。该法典第 937 条第一项规定："自主占有动产经过 10 年者，取得其所有权。"对于不动产登记取得时效，该法典第 900 条第一项第一目规定："未取得土地的所有权而作为该土地的所有权人登记在土地登记簿时，若此项登记已经达到 30 年，而且此人取得对该土地的自主占有时，则此人取得土地的所有权。"在土地登记簿中为他人登记一项此人不享有的其他权利，因而使该他人有权占有土地时，或者使此项权利的行使受到关于占有的规定的保护时，准用上述规定。对于未登记不动产的取得时效，该法典第 927 条规定，对他人的不动产超过 30 年和平、公开、连续的自主占有，可以通过公示催告程序排除土地所有权人的权利。土地所有权人在土地登记簿中登记注册的，取得除权判决的人，因作为所有权人在土地登记簿中登记注册而取得所有权。取得除权需三十年以来未办理需经土地所有权人同意在土地登记簿中进行登记。如第三人曾作为所有权人进行登记，或者因为第三人的所有权，曾对土地登记簿的正确性提出异议的，则该判决对第三人不发生效力。

《德国民法典》对自主占有采推定形式。该法典第 938 条规定："在一段期间的开始和终了时自主占有其物的，推定在中间时期其自主占有也存在"。

《德国民法典》对动产取得时效需善意，该法典第 937 条第二项规定："取得人在取得自主占有时为非善意的，或其在嗣后知悉其不享有所有权的，排除取得时效"。

《德国民法典》取得时效并不需要正当原因，法典由善意取得制度肩负起正当原因保护交易安全的重担。

三、瑞士

如前所述，1912 年实施的《瑞士民法典》的时效制度区分消灭时效与取得时效分别规定。而《瑞士民法典》对于取得时效之规定，也区分动产与不动产两处，分别规定于第四编物权法的动产所有权与土地所有权里面，只是在《瑞士民法典》里面使用的术语都为"占有时效"。《瑞士民法典》第 728 条规定，善意自主占有他人动产，且无争议不间断地占有超过五年，取得该动产所有权。不动产取得时效分为普通取得时效与特殊取得时效两类。普通取得时效规定在《瑞士民法典》第 661 条，其指的是，在不动产登记簿上不当登记为所有人的占有人，只要其为善意，并没有争议地连续取得 10 年，即取得所有权。该规定本质是不动产登记取得时效。特殊取得时效指未登记土地的取得时效，《瑞士民法典》第 662 条规定，作为所有权人，没有争议地连续 30 年占有尚未在土地登记簿上登记的土地的，可请求所有权登记。对于不动产登记簿中记载的土地所有人不明，或在三十年取得时效开始时，原所有人死亡或被宣告为失踪，现占有人同样取得所有权。

四、日本

1898年实施的《日本民法典》继受《法国民法典》，将取得时效与消灭时效共同分别规范于总则第六章时效及物权编。

《日本民法典》的取得时效分为20年时效和10年时效两种形态。《日本民法典》第162条第1项规定：“20年间，以所有的意思平稳且公然占有他人之物者，取得其所有权。”这是长期取得时效。第2项规定：“10年间，以所有的意思平稳且公然占有他人的不动产者，其占有始为善意且无过失，取得其不动产所有权。”可见，无论20年时效还是10年时效，都要求以所有的意思即自主占有、公然占有，只是10年时效还要求占有人占有开始时为善意无过失。须注意的是，《日本民法典》对于不动产所有权的取得时效，并不须以他人未登记之不动产为限，即使已登记的不动产，占有人同样可依此规定取得所有权。

《日本民法典》还规定了其它不动产物权的取得时效制度准用及动物的取得时效。对于动物的取得，《日本民法典》第195条则有特别规定：“占有他人饲养的家畜以外动物者，其占有之始系善意，并且自动物逃失时起一个月内，未受饲养主人的返还请求时，则取得行使于动物的权利”。

对于所有权以外的其他财产权取得时效，《日本民法典》第163条规定，以为自己之意思，平稳而公然的行使所有权以外的财产权者，按前条之区别方式，于20年或10年后，取得该权利。

第二节　澳门取得时效制度适用的争议

一、纱纸契组案中取得时效争议

（一）案件

1. 某甲针对拆除批示的司法上诉案[①]

甲为澳门路环九澳村村民。九澳村××号的房屋是其祖产，该房屋是通过纱纸契所取得，有纱纸契可查。由于房屋年久失修，必要对其进行紧急维修。由于该土地并没有以私人登记所有权，没有其他物权登记，没有以长期租借或租赁制度批给土地的登记，也没有相关的批给合同以证明获准占用政府土地，因此土地工务运输局没有发出有关工程的准照。甲未经批注在原址建房。根据行政长官2011年3月1日的批示以及土地工务运输局局长的批示，甲须腾空土地并交还予特区政府。

甲针对行政长官2011年3月1日的批示以及土地工务运输局局长的批示提起撤销性司法上诉。2012年7月19日的合议庭裁判，中级法院驳回了上诉，维持了被质疑的行政行为。甲不服，向终审法院提起司法裁判的上诉。终审法院裁判上诉理由不成立。

该判决依据《澳门特别行政区基本法》第7条规定："澳门特别行政区境内的土地和自然资源，除在澳门特别行政区成立前已依法确认的私有土地外，属于国家所有，由澳门特别行政区政府负责

① 澳门特别行政区中级法院　合议庭裁判书 上诉案第2/2013号。

管理、使用、开发、出租或批给个人、法人使用或开发，其收入全部归澳门特别行政区政府支配。”认为：《基本法》确立了特区境内的土地和自然资源属国家所有、由特区政府管理的原则。但考虑到尊重和保护澳门原有的少部分私有土地，在此原则之下允许例外情况，即继续承认原来的拥有私有土地的权利。但这例外情况有一条件，即该私有土地须“在澳门特别行政区成立前已依法确认”。由于特区成立之后，特区范围内的所有土地，除了在特区成立之前已获依法确认属于私人的之外，均属国家所有。因此，在特区成立之后不能产生新的私有土地，否则，就违反了基本法第 7 条的规定。

既然土地的私有属性在特区成立前没有得到依法确认，不管在理论上认为这种诉讼具有创设权利还是宣告权利的性质，在特区成立后就再也不能获得确认，否则就违反了基本法第 7 条规定的特区土地国有原则。

2. 第 32/2005 号案件

某人及其先人们已经占有该房地产近 450 年，希望以取得时效为理据，承认其对不动产的所有权，但他既没有取得该不动产的凭据，而该不动产也没有在物业登记局登记。法院决定，只要有关确认私有不动产所有权的裁决在特区成立之日前仍未转为确定，《基本法》第 7 条就禁止承认特区成立以前未获确定为私有财产的不动产拥有所有权。同样不容许承认对不动产拥有使用权，除非该利用权在特区成立前已被确定为由私人拥有。

3. 第 41/2007 号上诉案件

2008 年 1 月 16 日，终审法院在第 41/2007 号上诉案件中的有关判决认为，如果在澳门地区通过公证书以永久租赁的方式将土地利用权批给了个人，且在物业登记局作出登记，即使其出租权（田底权）人为现澳门特别行政区人，《基本法》第 7 条并不妨碍可以以时效取得方式取得其利用权。《澳门土地法》（7 月 5 日第 6/80/M 号法律）第 5 条第 4 款和 7 月 4 日第 2/94/M 号法律第 2 条的规定并不适用于拥有取得的正式凭据及作出登记的房地产。

3. 第 34/2008 号上诉案

2008 年 10 月 22 日在第 34/2008 号上诉案件作出的合议庭裁判中认为，《基本法》第 7 条规定禁止对天主教宗教组织（包括在澳门教区的）依据 1952 年 6 月 28 日《澳门政府公报》公布的 1941 年 4 月 5 日第 31207 号法令核准的《传教机构章程》第 56 条规定以其名义拥有未取得凭证、也未在物业登记局登记的房地产之所有权的确认，如果有关诉讼（欲表明在澳门公布上述章程之日已经拥有相关占有及请求承认相关权利）是在澳门特别行政区成立后提起的。

（二）纱纸契案中取得时效与基本法之间的冲突

在《中葡联合声明》签订至澳门回归期间（即“过渡期”），1989 年路凼居民自发组织“纱纸契关注组”，并在当年 11 月做了一项调查，发现路凼的“纱纸契土地”的面积合共约 40 万平方米。后来也不时发生土地被圈占的情况，使纱纸契问题恶化。

纱纸契问题长久以来对凼仔和路环的发展有着负面影响，由 1968 年路凼连贯公路落成至 1990 年代初，即使澳葡当局在其间推出连串的海岛建设计划，但路凼的发展速度仍然非常缓慢，一部分归咎于纱纸契的合法性问题未解决。而且，更影响到一些旅游景点发展周边配套。典型例子如：政府曾计划在路环妈祖文化村兴建登山缆车，却因为缆车需途经一些纱纸契地段而致计划失败；2008 年底澳门政府决定在凼仔“TN27”地段兴建经济房屋，也因该地段包括有被声称是纱纸契的土地而受到阻滞。

纱纸契问题还使政府与市民之间关系紧张。纱纸契持有人希望取得合法业权，但政府（不论是澳葡政府或澳门特区政府）不承认纱纸契，政府与市民间产生矛盾。纱纸契持有人担心会否失去地权，又或在纱纸地上建设的楼房（多为旧楼）会否被拆去。虽然不时有人在拥有的纱纸地（有些可能只是宣称）进行围板和开垦，却又被政府视为违法而敕令拆除。在2007年5月，回归后首次因为纱纸契而爆发官民冲突——一处位于路环黑沙海滩附近的纱纸地段，因为政府认为该地段的占有人破坏山体，派员到场进行围板清拆，引起路环村民不满；村民在场拉起横幅抗议，并当场展示其契据以宣示土地业权。

纱纸契的问题亦引起非法占地问题，有些人企图借纱纸契问题把原先不属于自己的土地占为己有。有路环村民说，有黑社会成员加入圈地行列，分化村民，导致村民间的关系紧张，亦使纱纸契问题进一步加剧。

至于纱纸地上的房屋，也因为纱纸契的合法性问题，使这些业主难以申请合法的工程准照以进行维修，导致这些楼房残破不堪。结果在2007年5月底，路环市区纱纸地上的一座房屋发生倒塌事故，政府才宣布会酌情处理纱纸地房屋的维修批准，不过一再强调不能在这些土地上建新的房屋。

1999年澳门回归后，纱纸契问题的解决也几近毫无进展，主要是因为此种契约的真伪难以考证。直至2008年，政府宣布将按照《澳门基本法》处理纱纸契问题，但这是变相不承认纱纸契，既不允许取得所有权，又没有使用权，业主权利得不到应有的保护。而这实际上又与《澳门基本法》第六条“澳门特别行政区以法律保护私有财产权”不符。

二、桃花岗组案

（一）案情简介

桃花岗地块是位于澳门“红街市”附近的一宗土地。该地块在澳葡政府管理期间登记为李姓所有权人的私有土地。李姓所有权人其后不知所终，该空地处于闲置状况。澳葡政府于1936年兴建红街市，六七十年代多名摊贩进驻，经营炒粉面和布匹成衣等，市政厅自始对“桃花岗”地段经营的多个摊贩进行管理，并发出小贩牌。1977年10月17日丁某与欧某签订一份买卖合同，以港币拾万元向后者购入桃花岗地块。但上述所有权人并非欧某，只是欧某当时可能向丁某及有关人士声称上述土地的所有权是其丈夫的生前赠与行为中得来。而实际上，欧某的丈夫亦非上述地块的所有权人，真正所有权人是李某。欧某的丈夫只是在1954年11月12日获得过当时的澳葡法院的一份占有判决，当中宣告为产生一切法律效力，尤其是登记的效力，欧某的丈夫曾和平、公然、持续占有包括该地块的房地产超过五年，但由于没有满足和平占有或取得时效的法定条件，故欧某的丈夫并没有合法登记成为上述土地的所有权人。丁并未办得立契转名手续，即未能取得上述土地的所有权登记。2000年12月，丁某向初级法院递交民事起诉状，于2004年9月17日获判决通过取得时效的方式取得桃花岗地块的所有权[①]，并迅速于物业登记局作了所有权登记。直到2009年10月，其成功获得该地块的所有权登记5年后，上诉期届满，丁某前往上述地块向摊贩宣布其为该地块所有权人，并要求摊贩不得在该地块继续经营。

---

① 初级法院前第二庭第CAO-025-00-2号民事案2004年9月17日判决书。

缪某等摊贩于2010年向检察院提出伪造文件的刑事检举，质疑有关发展商用伪造档申请获得土地所有权。检察院于2014年2月称已将指控丁涉嫌作虚假的当事人陈述或声明罪和加重诈骗罪案件移交初级法院排期审理。2012年，罗姓地产商出示相关文件，称在2012年以6174万元从丁姓商人手中购入桃花岗的379平方米土地。审理中，缪某等摊贩皆不承认向丁某或其代理人缴纳过租金。称不认识丁某，也未见丁某或其委托指派的任何人到诉争地块进行过维护。丁某证人甲戊称其认识丁某已有三十到四十年，其曾在二十余年之前代在“桃花岗”向小贩收租，丙丙称记得约在十年前曾在车上听到嫌犯以电话吩咐工人为“桃花岗”的摊档制作篷顶；证人丙丁称在澳门回归前的1998年或1999年，其曾应丁某要求，有一到两次前往“桃花岗”维修两家咖啡档的星铁篷顶，其记得当时应在上午八点或九点开始施工，其中一家咖啡档的工程需烧焊且由该档口负责供电，该一工程由丁某付费；另一家咖啡档由丁某介绍与档主见面但由证人次日自行前往维修，其记得为此曾收取该一咖啡档的几百元费用并发出收据。2014年9月初级法院判决，上述两项罪名不成立。[①] 检察院和辅助人提出上诉。2015年7月23日，中级法院直接改判嫌犯丁某相当巨额诈骗既遂罪，对丁某处以四年徒刑，并将“桃花岗"地块的所有权，因属嫌犯犯罪所得而收归国有。[②]

缪某等“持有”地块有地上权的意图但无自己所有的意图，丁某虽未“持有”该地块却具有所有的意图。而且，丁某与欧某签订合同并支付港币拾万元购买桃花岗地块是占有转让的有效证据。从

① 澳门初级法院第四刑事法庭合议庭审理了第CR4－14－0034－PCC号刑事案裁判书。

② 澳门特别行政区中级法院　合议庭裁判书 上诉案第777/2014号。

丁某签订了合同且支付过购地价金的角度论丁某占有的意图是善意的。缪某等摊贩称从未有人收取租金，不认识丁某，也未见丁某或其委托指派的任何人到诉争地块进行过维护，而丁某证人甲戊、丙丙、丙丁却能对收租和维护做具体的描述。但依据《澳门民法典》第1176条第二款，摊贩事实上行使管领权，可确定摊贩为地上权的占有人。

如果不基于中级法院上诉审“评价证据系按经验法则及有许可权实体之自由心证为之”① 判断丁某和缪某等摊贩两方证据的证明力，丁某取得地块所有权符合法律要件。中级法院上诉审认为丁某出租诉争地块不合法，但即使出租不合法也不能推论占有不存在，依据《澳门民法典》第1176条第一款之规定，当事人有约定委托占有的自由，摊贩受丁某委托占有地块并支付一定价金使用该地块是可能的。依据《澳门民法典》第1221条、第1218条之规定，从丁某占有的时间和占有的客体来看，都能满足澳门《民法典》对土地所有权取得时效的要求。

同样，依据《澳门民法典》第1221条、1417、1421、1218条之规定，摊贩在该地块为自己的利益设置商铺等工作物的行为也符合地上权取得时效的要件。依据《澳门民法典》第1428条，该地块地上权缴纳年金的义务已消灭。这就意味着，如果摊贩早于丁某发起地上权取得时效的诉讼，就会获得地块地上权，且不必支付年金。

丁某从欧某处购买该地块的协议行为不构成其他取得所有权的条件。丁某未取得所有权，也未与所有权人签订土地买卖的协议。真正的上述土地的业权人或所有权人是李某。李某对欧某丈夫的赠

① 澳门初级法院第四刑事法庭合议庭审理了第CR4-14-0034-PCC号刑事案裁判书。

予，欧某丈夫获得澳葡法院的占有判决，欧某的继承地位和实际控制权以及欧某对地块的处分等一系列行为仅能作为占有的名义或依据。丁某只能通过取得时效制度来确认其产权。

因此，只要摊贩在丁某诉讼过程中表明未被丁某收取过租金，没有他人对地块的维护，使丁某难以达到证明目的，就能排除丁某对地块的取得时效。即便不起诉地上权的取得实效也可能保持原使用条件不变。摊贩是否有机会表明占有情况和对地块的意志是诉争地块权益归属的关键。

摊贩以经营所得用来吃饭、穿衣、看病，这些都关系到人生存最基本的生命和尊严。丁某是在生活基本温饱已经满足后为谋求富足而去赚取大量金钱。该地块对于摊贩而言，是生活的基础，属于低层次需要；对于丁某则是谋求更大发展的需要，相对于摊贩的需求，层次更高。因此，摊贩对地块的需求更为紧迫。

然而，丁某通过逆权管有确认所有权的诉讼缪某等摊贩却没有被作为当事人，最终导致被丁某驱逐，其先于丁某所有权的使用利益险被剥夺。从证据上的微弱优势和被诉讼的无视之间的反差所显示出的，是显著的不公正。需求的紧迫性则对这种不公正起到了“催化”作用，从而引起社会的巨大反响。

这里呈现了利益法学的价值与经验——社会学的实证主义法学的矛盾，但“‘利益情况’以认识法律的目的为前提，因为不顾及法律的目的，也许能决定何种利益实际上涉及到，但其实不能决定何种利益应被优先照顾”。[①] 财产法应以抽象化的利益来维持其规范

① 参见［德］H·坎托洛维奇：《法学与社会学——科学学说文选》，Th·符腾贝格尔编辑，1962年版，转引自［德］阿图尔·考夫曼、温弗里德·哈斯默尔主编：《当代法哲学和法律理论导论》，郑永流译，法律出版社，2002年版。

价值的普遍性，在通过改进财产法的方法仍不能达到公正目的后，再将对照顾弱势群体的目的让位于社会法。

（二）桃花岗案引发的取得时效适用争议

中级法院刑事判决后，丁某表示已经跟律师商讨上诉。[①] 丁某是否应将摊贩作为被告仍然是案件争议的核心。本文持否定态度，本文第二部分将对此进行分析。假如本观点成立，中级法院判决将改判，民事判决将依然有效。那么，现有法律有失公正。

若在中级法院判决生效后，摊贩依照地上权取得时效起诉，能够取得地上权。但这样仍存在问题，以刑事判决终结民事纠纷的做法并非解决民事纠纷的常规方式[②]。如果初级法院民事诉讼环节摊贩被列为被告，丁某占有地块不能被证明。摊贩为地上权的占有人，虽可通过诉讼取得地上权，但所有权人仍不明。除非通过调解，摊贩承认丁某所有权，丁某承认摊贩无年金的地上权。

以上分析显示出，澳门取得时效及相关制度应做适当调整：第一，应在通知和公告程序上使利益关系人尽量了解取得时效诉讼事实，以按照本人意志对自己的利益进行必要的安排；第二，对无主财产收归国有的规范具体化，避免国家权力的滥用，并对国家所有的“无主财产”提供可操作的保护方式。

丁某未列摊贩为被告是否违法？“桃花岗”案件的民事诉讼中，丁某以“不确定的利害关系人”为被告，未将已知的众多在有关地段上经营多年的本地居民摊贩同时列为被告（初级法院前第二庭第

① 《澳门桃花岗案“拉锯“5年·奸诈业主判4年徒刑》，谢伊琪、马永斐、陈健、张捷峰：《澳门报道》2015年7月24日。

② 以犯罪所得的财产名义剥夺丁某已经取得的土地所有权将土地所有权收归国有不妥，本文第三部分有相关论述。

CAO－025－00－2号民事案2004年9月17日判决书，澳门初级法院第四刑事法庭合议庭审理了第CR4－14－0034－PCC号刑事案裁判书，澳门特别行政区中级法院　合议庭裁判书 上诉案第777/2014号），在丁某以转让持有和使用的方式于摊贩的预设前提下，摊贩与丁某不存在利害关系。在丁某以转让持有和使用的方式于摊贩的预设前提下，可能影响到摊贩利益的，乃是否继续这种转让持有和使用的关系。这种关系与丁某是否能够取代原所有人取得地块所有权无关，即便丁某不请求取得该地块所有权，也可以以占有权人身份要求摊贩搬离。所以，丁某提起取得时效的诉讼并不需要摊贩同意，摊贩并非取得时效民事诉讼上的利害关系人。

本案中，丁某是否对诉争地块占有和丁某是否能够取代原所有人取得地块所有权是两层关系。前面一层关系存在于丁某和摊贩之间还可能存在于丁某和其他人之间，后面一层关系存在于原所有人以及原所有人的继承人之间。由于原所有人不知所踪，诉讼的性质应集中在与摊贩和其他可能的实际占有人以及不确定的继承人之间的关系。

丁某是否对诉争地块占有与摊贩间存在利害关系。丁某是否对诉争地块占有，与丁某与摊贩之间是否存在转让持有和使用是相互证明的关系。由于摊贩对诉争地块的利益在于继续按原来模式使用该地块而不是取得该地块的所有权，摊贩单方面认为丁某与其没有类似租赁的关系，否认丁某对该地块的占有意图，可以达到丁某逆权管有不成立的目的。虽然仅依靠摊贩的证言不能证明丁某与其不存在租赁关系，但丁某是否对诉争地块占有与摊贩间存在利害关系。如果明确丁某的合法占有关系，就意味着丁某可以决定摊贩是否可以在该地经营。

但是，丁某以自己为占有人并转让持有和使用的方式于摊贩为预设前提，不将摊贩列为被告仍具有合理性。

利害关系的判断，是从申请人的主观的角度，不能要求申请人从客观的角度来判断，因为不但有认识上的客观局限性，而且存在资讯上客观的不全面性，可能存在善意的判断与客观上的占有关系的利害关系人冲突。不可能要求申请人，或原告，将他认为利益关系清晰，与对方没有法律上的影响的情况下，也将其列为被告。基于提起诉讼的自愿原则，原告在诉讼中希望解决何种纠纷决定了原告将谁列为被告，也就是说，即便存在纠纷，原告不起诉被告，说明原告更愿意接受与被告的纠纷状态，原告有不起诉和不起诉谁的自由。

在占有事实关系下，在先的占有能够排除其后有占有意愿的人，在先利益比在后利益更具有正当性。同样，所有权人有权对自己的权利进行处分，买受人只能在出让人权利的范围内受让权利。但在占有和所有权之间比较，所有权的构造，具有权利上的优越地位，能够超越以往利益关系，尤其是通过登记的外观和物权法定原则的技术性加工后的所有权，不仅超越以往的占有关系，而且可能超越“真实的非登记的所有权”。这种超越的特点，使得取得时效的诉讼与其说是和原所有人间的纠纷解决，不如说是对脱离了正常法律秩序的财产的重新登记。这种以重新登记为目的的诉讼，与平常的诉讼关系不同，它需要理清当前原告和可能其他所有的利益关系，而不是解决两者间纠纷。人们惯常的思维是纠纷解决式而不是重新登记，这给重新登记式的原告带来了困扰。人们按照纠纷式诉讼的逻辑，总是以可能的所有权人为被告而不会以一个占有人的诉讼地位考虑到可能的占有人的诉讼地位，因此不会在取得时效诉讼中再考虑占有是否合法。但事实上取得时效诉讼如果不能处理好前面的占有关系，也会影响到占有关系上的利益人。总之，这是所有权的构建的“超越”给取得时效诉讼带来的与一般纠纷诉讼的不同。这种不同，不能要求原告甚至专业律师处理，需要在取得时效诉讼制度中做出事先的专门规定。而且事实上，除摊贩之外，还可能有其他的类似的关系人，比如可能有居民在此长期居住，事实上不可能依赖原告能够将全部利害关系人列为被告。这就解释了原告很难将可能的占有人也作为利害关系人的主要原因：首先，在诉讼中一般将与诉讼标的冲突的向对方作为利害关系人，而在取得所有权的情况下，可能的所有权人自然是利害关系人；其次，在非以占有为基础的所有权诉讼中，如在买卖合同纠纷中，仅仅是以所有权的利害关系为可能的利害关系人，不会与占有的利害关系人相关，因此疏忽的可能性很大。

一个次要的方面是，占有极容易被忽视：占有并不是一个法律关系，难以通过所有权之外的法律关系确认，一般只能通过事实确认，既不实际占有又不依赖所有权的占有更少见。

综上，审判机构有职责追加有利害关系的第三人和不确定的利害关系人。

澳门取得时效通知、公告制度显然有不足之处。取得时效诉讼中，原告首先要证明其占有该地块。证明合法占有该地块，不但要证明其占有，而且需要证明没有其他的利害关系存在，一如本案所需证明的一样。依照法的秩序价值，在先权益存在的情况下，对后期以取得时效的形式确认的登记所有权，仍然具有优先地位。但取得时效的目的之一就在于使事实上的权益置于法律的有效保护下以稳定财产秩序。占有是一种事实，但也是法律保护的秩序。大陆法系所有权不同于英美法可以给予对取得时效确认的所有权之前的在先权益优先地位，一旦确认所有权就会损害在先权益。因此，需要使潜在的利益相关人知晓财产的取得时效诉讼，以保护他们的权益。

从外在形态上，只是实际控制地块并不一定是占有，可能是委托占有。到底谁是真正的占有人，通过实际控制的事实和认为委托他人占有的申请人的表述都不能说明，通过被委托人的确认和人证也不能排除真正的占有人未出现的可能。共同占有中，部分共同占有人与其他共同占有人之间在取得时效的诉讼中也应明确相互间的法律关系。取得时效诉讼的利害关系人不仅是所有权人，而且包括其他占有人和可能的真实占有人。在税收等公法关系和地役权等私法关系上以及无主物归国家的法律关系，还可能存在多层面、多个利益关系人。因此，需要取得时效诉讼通知标的地块所有可能的利害关系。

正如上文论证的，取得时效诉讼的重新登记的性质，不能依赖原告确定可能的利害关系人，私法机构有职责确定。

中级法院认为，《民事诉讼法典》第 51 条[①]所指的不确定的利害关系人的答辩制度并非为已确定的利害关系人而设。应当指出的是，如本案中按照丁某的认识来说，摊贩本来就不是利害关系人。检察院代理过程中也很难从摊贩的角度去考虑，也同样不可能从可能的其他共有人的角度考虑。

初级法院在审理中已经依照《澳门物业登记法典》第一百零四条与连续性有关之司法或公证证明第三款和第一百零八条传唤规定（《澳门物业登记法典》第一百零四条与连续性有关之司法或公证证

① 《澳门民事诉讼法典》第 51 条对不确定人之代理第一款，如针对不确定人提起诉讼，则该不确定人由检察院代理。

明第三款规定，属上款所指情况者，取得时效导致在有关权利人之权利经证明后，连续性自该人起重新开始。第一百零八条传唤规定：

一、在证明之诉中，应传唤检察院及不确定之利害关系人。

二、如上述证明系旨在继续建立连续性或重新建立连续性，亦应传唤最后登录之权利人；如其下落不明或已死亡，则公示传唤该人或其不论已否确认继承资格之继承人。

三、公示传唤系透过在登记局张贴中葡文告示三十日并在澳门报章中最多人阅读之其中一份中文报章及一份葡文报章上刊登公告为之。）进行了通知和公告，实际并未凑效。而且从第一百零八条传唤规定第三款来看，公告是本着尽量使利害关系人能够了解的一般标注来要求的。然而，如摊贩这样的实际使用人都不能了解相关资讯，已经足以能够说明通知和公告的要求需要调整。

三、启示

澳门的取得时效案件显示了取得时效可能带来的正反双向的影响。它可能保护和平、安宁的既有秩序，保护人的应有利益，也可能被不恰当的适用，直接造成对正当权益的侵犯。在取得时效要件的设定、取得法定条件的满足程度上，可谓“失之毫厘，谬以千里”。

取得时效的要件其他法定的条件，不仅涉及民法，而且设计宪法层面。在宪法层面，尤其是与国家财产权利之间的关系处理，冲突同样是明显的。宪法代表了国家的最高意志，必然也需要承认其人民的正当权利意志。

第三章

我国类取得时效及取得时效制度的历史考察

茨威格特和克茨认为，比较法的基本原则是功能性原则，由此产生所有的其他方法学规则——选择应该比较的法律，探讨的范围，和比较体系的构成。① 根据这一观点，笔者认为，中国历史上具有的以经过一定的时间为取得占有财产管有权的制度即具有了取得时效制度的本质，由于其没有取得时效的名称，本研究称为类取得时效制度。

第一节　西法东渐之前取得时效制度的考察

一、宋代以前

早在周朝，法律就规定："是月也，农有不收藏聚积者，马牛

① ［德］茨威格特、克茨：《比较法总论》，潘汉典等译，法律出版社，2004 年版，第 63 页。

兽散佚者，取之不诘”，不诘，就是不追问、不追诉，见于《礼记 月令 仲冬之月》；在《周礼 秋官 朝士》中也讲道：“凡得获货贿、人民、家富者，委于朝，先于士，旬而举之，大者公之，小者庶民私之。”[①] 前者的时效指的是仲冬之月内，后者时效为十天，过了时效，取得是合法的。

南北朝时有关“还地出诉”规定，也是时效的规定。上述马俊驹、余延满的《民法原论》中所举北魏孝文帝的敕令，就是限制“还地出诉”的年限。年限到底多久才算，难以查证，但这敕令属时效制度无疑。当时，李世安上疏建议：“所争之田，宜限年断，事久难明，悉属今主”，就是因时效取得。

二、宋代及以后

（一）我国宋代已有系统时效规范

到了宋朝，土地兼并加剧，买卖田宅增多，形成了商品经济繁荣的局面。为稳定经济秩序，保护兼并者的利益，时效制度进一步发展。太祖建隆三年敕令：“如是典当限外，经三十年之后并无文契；虽执文契，或难辩真伪者，不在论理收赎之限，见（现）田主任典卖”，建隆四年又规定：“经二十年以上不论，即不在论理之限。”后又进一步规定为：“如十五年外不令将赎，今详年限稍远，欲乞限十年内许。”[②] 可见时效是有严格规定且逐步缩短的。[③] 宋朝宋刑总所载：“土地陲界纠纷案件，儒家长与证人亡殁，契载亦不

---

① 《周礼注疏》卷三十五。

② 薛梅卿点校：《宋刑统》，法律出版社，1999 年版，第 232 页。

③ 童平宇：《法史今议系列——我国古代的时效制度——以宋代《名公书判清明集》之案例为视角》，温州法律网。

明瞭者，其出诉期间为二十年”，也同样属于时效取得。私人对于逃户弃田也可拥有所有权，这也成为农民等的获得土地的一种途径。后周世宗时期确立了弃田按取得时效归属私人所有的立法原则，即允许他人占有逃户弃田，三年内可取得二分之一的所有权，占有五年即可获得全部所有权。宋朝继承了这一原则，但对取得时效有所改动，规定对于弃田的原田主“限昭到百日，许令归复，违者弃土，许他人承佃为永业，岁输税调，亦如复业之制”，“流民限百日复业，蠲赋役五年减旧赋十之八。期尽不至，听他人得耕”——也即弃田满百日，他人可占有，为期十年，十年后仍无人复业，则按照惯例，法律承认占有者对这一土地享有所有权。南宋孝宗年间进一步将土地取得时效缩短为三年。这些措施保证了国家对无主荒地的开垦，有利于经济的发展。

在南宋后期成书的《名公书判清明集》中，记载了许多运用时效规定判案的案例：在《王九诉伯王四占去田产》案中，判者引用法条曰：“准法：诸理诉田宅，而契要不明，过二十年，钱主或业主死者，不得受理。”① 这里，不得受理——即丧失程序意义上的诉权的条件有三：一是“契要不明”，这不属时效问题；二是“过二十年”，这是明确的时效；三是“钱主或业主死”，这是不确定的时效。而二、三又与一有关，因为时久、人死往往无对证。在田产房屋买卖关系中还有一种特殊的时效规定，就是以“债负准折”（即以田宅抵债）的交易，虽然法律规定，“典卖田宅，以有利债负准折价钱者，业还主，钱不追”（《重叠》判），但是，发生纠纷时，仍有时效限制：“准法：应交易田宅，过三年而论有利债负准折，

① 《名公书判清明集》，《卷四·户婚门》。

官司不得受理。”这是有利于地主豪强用高利贷盘剥农民，通过典卖兼并掠夺田宅的三年时效的规定。宋代，典当已相当普遍，一般典当的时效便是契约规定的还钱取赎的期限——务限。但是，“豪民图谋小民田业，设心措虑 当务限之时，则迁延月日，百端推托，或谓寻择契书未得，或谓家长外出未归，及至民户有词，则又计属案司，申展文引，逐限推托，更不出官，辗转数月，已入务限矣，遂使典当之家终无赎田之日。”① 封建社会的析产、继承，依照宗法制度，有严格的规定，不许僭越。但是，为了稳定家庭内部关系，也规定了相应的时效：“分财产满三年而诉不平，又遗嘱满十年而诉者，不得受理。”此法引自《侄与出继叔争业》判例。为维护封建家庭的整体利益，法律规定卑幼不得擅自典卖田地，对这种违上和侵众的行为，家长可以告官。但是这种家庭内部的侵权官司，也有时效限制，并非任何时候都可以提起诉讼。在《叔侄争》案中，盛荣系友闻之叔、友能之从叔。友闻将祖父早年买得的桑地盗卖给友能为业，友能买地之后，“筑屋其上，种竹成林，已十四、五年”。盛荣告友能强占田产。法官审理后，认为：盛荣与友能“居业相近”，明知祖遗众产被友闻盗卖给友能，十四、五年“始有词诉”，已过诉讼时效。“在法：诸同居卑幼私辄典卖田地，在五年内者，听尊长理诉。又诸祖父母、父母已亡，而典卖众分田地私辄费用者，准分法追还，令原典卖人还价，即满十年者免追，止偿其价。”所以判令原告盛荣“只合得价，不应得产”。这里有两个时效，一是尊长告官时效，限在五年之内；一是追还被盗卖众产原物的时效，限在十年之内。②

---

① 《〈典主迁延入务〉判》，宋代《名公书判清明集·户婚门·取赎》卷九。

② 中国宋代时效制度的案例，西部法制网，2014年10月28日。

(二) 宋代之后的延续

元代大德六年（1302年）正月，中书省陕西行省谘："安西路僧人惠从告李王将本寺正隆二年（1157年）建立石碑内常住地土占种。"照得："现争地土即系异代碑文志记亩数，似难凭准。若蒙照依定例革拨，将地凭契断付李玉为主相应。"礼部照得："李玉凭牙于贾玉处用价立契收买上项地土，经今二十余年，又经异代，合准陕西行省所拟。"①

清代的法律及惯例没有确实的取得时效制度，只有类似的制度。《清律典卖添宅条例规定》："自干隆十八年定例以前典卖契载不明之产，如在三十年内，契无绝卖字样者，听其照例，分别找赎，若远在三十年以外，契内虽无绝卖字样者，但未注明回赎者，即以绝产论，概不找赎。"佃户代替业主缴纳税捐达到三十年，该土地的业主权归佃户。不约定赎回的出典，经过三十年出典人无权收回。福建省的山场皆未课税而视为官山，实际上却有认定耕作多年的山场业主权，发给印照之例，台湾的山地亦有占用他人的土地而无人提出异议，终于成为业主的。这些可认为是取得时效的事例，但只是事实上的现象。台湾也有惯例存在：佃户或承典人在某种情形下，经过三十年以取得业主权的规定，对于业主或出典人有类似消灭时效的效力。逃亡他处任由田园荒芜之人还乡耕作时，仅给相当于实际丁力之地；光绪十六年，恒春知县颁布的有关开垦谕示：尔等如果曾在该处开辟，因事迁徙，以致荒芜，现在情缘出首复垦者，限十日内赴县报明界址，给照复垦，照例试垦三年，报丈升科。倘于限内并不赴案报名，迨经他人复垦，始行出首控争者，一概立案不

① 孔元明等编著：《中国民法史》，吉林人民出版社，1996年版，第467页，转引自郝刚《取得时效制度历史探源》，载《新疆警察学院学报》2002年第3期。

准。光绪二十年，布政使发给宜兰地区业户的执照有：其认垦之后，或因丁壮消亡，或因土地瘠薄，实在垦不成熟者，准令承明该地方官勘明销缴。以上为时效取得和消灭时效。

笔者认为，中国古代有关时效的制度不区分取得时效和消灭时效。有的明确取得的效果，有的只强调消灭的效果，但事实上都是取得和消灭不加区分地同时存在。因此说，在中国较长的历史时期内，以管有为主要特点的土地权属制度下，存在着近似取得时效的制度。

第二节 清末民初的取得时效制度

一、清末立法

清末则例记载了政府为鼓励垦荒者，荒废的土地经开垦归新占有人所有的制度：

“各直省实在可垦荒地，无论土著流寓，俱准报垦。一地互报，尽先报者。凡报垦必开具肯址土名，听官查看，出示晓谕五个月，如无原业呈报，地方官即取结给照，限年升科。”①

荒地在荒废前，大多有所有者存在。因此，原所有者与新所有者之间的优劣关系就成为一个问题。

根据雍正三年皇帝批准的奏文，直隶省允许原所有者在补偿开垦费用后收回土地。干隆七年被批准的“陕西甘肃开垦事奏”奏文

① 《户部则例》卷7，田赋，第22页b。转引自森田成满：《清代中国土地法研究》，牛杰译，法律出版社，2012年版，第33－34页。

编入户部则例，该奏文指出，如原所有者离开土地在三十年之内，根据归还前的（非占有的）年数返还全部或部分土地。[①] 可是，如果经过一定时间没有办理手续，户部则例有很多原所有者不能主张权利的规定对此个别处理。

康熙初年，浙江巡抚范承谟下面的告示，虽记述的不是特别清楚，但从中可以看出，该官员对垦荒者得到“印照”开垦土地之后原所有人出面主张权利的行为采取驳斥的态度。

如有逃避他乡者，速归垦种。其逃而不归与绝户无主者，不论本地外方人民，许将领垦某户荒田。开明坐落地方、亩数，具呈县官。该县查明，每月朔忘日出示晓谕。某田地某人承垦，一月之内，无本人亲属理论者，该县即给印照一纸，付与本人，永为己业。田照五年以后起科，一切差役，不许于五年内派扰。如有原主拜其族戚，于给贴开垦之后敢来争夺，或官衙役不俟五年，遽行征粮派差者，许本人指明首告，官即查处，差役即行锁拿究治，决不轻恕。

虽然确定了一定的期间，但无论多长时间，都是排除原所有者的权利主张。采取这样的方法，是考虑到了新所有者在土地上投下的资本和时间，是追求秩序稳定性的结果。[②] 笔者认为这已经属于取得时效制度。

但是日本学者森田成满持否定态度。[③] 森田成满认为，在立法

① 《清国行政法》卷2，第358页。如果三年以内归来，在一定条件下，允许原所有者收回，在同治四年山西巡抚刘蓉的“营田总局章程”和同治九年戴盘的“浙江省严属垦荒章程”中有同样的例子。

② 例如，《雅江新政》（卢见会，光绪二年程度会元堂刊），审单，第58页a所载“李锡富、傅兆榍、傅金堂等互控案”。

③ 详见［日］森田成满，《清代中国土地法研究》，牛杰译，法律出版社，2012年版，第46页。

上并不存在事实占有经过一定年限即取得所有权的时效规定，也缺乏那种经过一定的时间、因某种事实状态而发生权利变化的观念。①他给出的原因是，第一，必须设置时效制度以保护所有者以外的第三人还没有成为一个问题；第二，所有者和占地者之间的利害关系的问题，也难以提升到否定一方权利、尊重他方事实状态的权利的高度上。他这样解释所有者和占地者之间的利害关系：即使经过很长时间，契约内容也不会发生特别的变化。“一典千年活”“当地千年活”等格言就是指典当契约即使经过千年之后，也可以赎回。但依笔者所见，这仅能说明当时的统治者在取得时效制度上还偏于保守，虽然当时的民法制度并不独立，但是已经具备了不动产产权规范②。罗马法上西元 193 年，珀尔提那克斯（Pertinax）皇帝颁布了一个给阿拉伯和叙利亚省的诏书，允许耕种弃田的人在两年后取得土地的所有权，两制度如出一辙。

滋贺秀三博士对雍正末年在福建省汀漳道任职的徐士林关于山场边界争执的裁决进行了精彩的介绍：“第一，以契界也就是证明权原的证文所记载的四至来裁决。如果没有契界，也就是没有证文或者证文所记载的四至，那么有第二种证据则是历年掌管的确据，也就是证明在很多年以稳定占有某特定地段的物件，就据此来判决。如果契界和历年掌管的确据都没有，第三个办法则是查看地形，作出使双方都能接受的判决”③。占有事实虽然不是最主要的证据，也

① ［日］森田成满，《清代中国土地法研究》，牛杰译，法律出版社，2012 年版，第 46 页。

② 参见李显冬：《从大清律例到〈民国民法典〉的转型，中国人民公安大学出版社，2003 年版，第 33、41 页。

③ 转引自［日］森田成满，《清代中国土地法研究》，牛杰译，法律出版社，2012 年版，第 47 页。

是比较重要的可资借鉴的依据。

正如上述笔者分析的，统治者对类取得时效制度的态度还是比较保守的。与占据多年的事实相比，契据的记载更有证明力。即使占据多年，可能也不会因时效取得。因长期占有的事实，占有者仅被赋予抗辩权。森田成满认为，董沛于光绪年间任江西省建昌知县时处理的下面案件中，尽管一块土地有二三十年之久形同公共道路，然而完全没有什么通行地役权的时效取得的思考方式。①

《王育才等呈词判》中，黄习贤出卖之基，其先固有屋也。道光二十四年始毁耳，一片荒畲，任人行走，亦属常事。及转售王思武，复于基内造屋。各管己业，岂容他人纷纷出入耶？熊彬士、王隆才才逾壮年，当出世之时，屋已毁坏，徒见荒基之上，彼此往来，以为必有公路，尚不足怪。迨既投名中人，验看印契，公路明在屋后，而犹妄行诈扰，岂非无赖之尤？本应杖惩，已警习恶，既据尔等处明饬，服礼寝事，姑从宽典，免于深求。控案核销，息结两纸附。

买下道光二十四年之后众人通行的黄习贤荒地的王思武与主张该地为公路的熊彬士、王隆才之间产生纠纷。黄习贤对该地可以说是放弃占有的状态，熊斌士、王隆才自孩童时起近三十年间视该地形同公路。尽管如此，判词承认王思武在该地建屋阻止他人通行的行为的正当性，并驳斥了主张该地为公路的熊斌士等的主张。这样分析后，他得出了上述结论。

笔者认为，森田的结论“完全没有通行地役权的时效取得这样的思考”并不准确。由于取得时效制度是消灭原权利人物权的结

① 《晦暗斋笔语》，卷1，第11页a，b。

果，取得时效制度规定占有方不能仅通过时效自动取得原权利人权利的法效果，必须经过审判或登记机关依法确认，并经严格程序方可取得物权。从实证法上，无论是大陆法系德国的不动产公示催告取得时效制度和英国逆权管有制度下都是如此。① 案例中无论地役权利实际存在的时间长短，在没有经过法律的确认前，该地役权都不得成为一项事实权利，只可能是现实利益。而原所有权人相应的，仍然享有法律上的业权，故此在建屋上，没有侵犯他人权益，也没有侵犯公共权益。进而，在建屋后，结束原土地荒芜的现状，实际上是对原权利闲置的终结，邻里对地役权利益的享有在先既然并非法律权利，此时当然不应妨碍所有权人权利的行使。案例的审判逻辑，与当时取得时效制度逻辑没有不同。因此，虽然没有运用取得时效的法律用语和法律规范，但仍不能就此说“完全没有通行地役权的时效取得这样的思考”。

二、民初立法

近代意义上之取得时效制度首先见于 1909 年的《大清民律草案》，取得时效被规定在草案第一编总则的第七章“时效”之下，但并未实施。中华民国成立之后，大理院被保留。民国 16 年（1927 年），国民政府定都南京，将大理院改为最高法院。在大理院判例中有记载：“土地所有权时效制度除关于特别事项已有规定外（如奉省田房典当章程过二十年不许回赎之类）现行法例上并无明文采行自不得以耕种该地历有多年遽谓为取得时效成就。”②

① 参见易继明：《取得时效在民法中的功能》，载《河北法学》，1997 年第 5 期。

② 参见孙燕京、张研：《民国史料丛刊续编 0087（政治、法律法规：大理院判例要旨汇览（第一卷））》，大象出版社，2009 年版，第 50 页。

邹世琳与彭家福赎地纠纷案（大理院民事判决，三年上字第一三八号）中认为，现实民律尚未颁行，关于占有及回赎权时效问题，自不能据以判决例创设。①

葛文新与蒋万山地亩纠纷案（大理院民事判决，三年上字第四七二号）中认为，一般时效制度，现行法例并无明文，故凡民律草案所有权之取得时效，及回复继承权消灭时效邓规定，自难遽行援用。②

可见那一时期没有实行取得时效制度。直到1928年《中华民国民法典》颁布。

第三节　新中国成立后取得时效制度的政策性实践

新中国成立后，我国立法一直未正式规定取得时效制度。结果是，权利人无权请求法院强制义务人履行义务，义务人占有财物也不是合法占有者，从而使争议财物在当事人之间的法律关系长期处于不确定状态。为解决这一问题，土地行政管理部门有关确权的政策性档有六十多个，包括法律、行政法规、私法解释不下100个，适用非常困难，行政解决集体经济组织间的权属纠纷问题多。其一，容易酿成群体事件；其二，效率低下；其三，增加了行政工作负担。③

① 黄源盛编：《大理院民事判例辑存》（物权编），梨齐社出版，2012年版，第549页。

② 黄源盛编：《大理院民事判例辑存》（总则编），元照出版有限公司出版，2012年版，第805页。

③ 刘继强：《山林权属纠纷确权的适用法律初探》，载《林业勘察设计（福建）》，2012年第2期。

一、土地权属争议行政处理依据

依据《土地管理法》第16条①规定，土地所有权、使用权争议应由政府处理。

其中现行有效的《确定土地所有权和使用权的若干规定》（[1995]国土[籍]字第26号）第21条、第56条最能体现取得时效制度的特点。该文件第21条规定："农民集体连续使用其他农民集体所有的土地已满二十年的，应视为现使用者所有；连续使用不满二十年，或者虽满二十年但在二十年期满之前所有者曾向现使用者或有关部门提出归还的，由县级以上人民政府根据具体情况确定土地所有权。"第56条规定："土地所有权或使用权证明文件上的四至界线实地一致，但实地面积与批准面积不一致的，按实地四至界线计算土地面积，确定土地的所有权或使用权。"该规定的第35条、第45条、第46条、第51条、第56条也做出了稳定现有权益秩序的相关规定。

《确定土地所有权和使用权的若干规定》（[1995]国土[籍]字第26号）第35条规定："原由铁路、公路、水利、电力、军队及其他单位和个人使用的土地，1982年5月《国家建设征用土地条例》公布之前，已经转由其他单位或个人使用的，除按照国家法律和政策应当退还的外，其国有土地使用权可确定给实际土地使用者，但严重影响上述部门的设施安全和正常使用的，暂不确定土地使用权，按照有关规定处理后，再确定土地使用权。1982年5月以后非法转让的，经依法处理后再确定使用权。"第四十五条规定："1982

① 《土地管理法》第十四条："土地所有权和使用权争议，由当事人协商解决；协商不成的，由人民政府处理。"

年2月国务院发布《村镇建房用地管理条例》之前农村居民建房占用的宅基地，超过当地政府规定的面积，在《村镇建房用地管理条例》施行后未经拆迁、改建、翻建的，可以暂按现有实际使用面积确定集体土地建设用地使用权。”第四十六条规定：“1982年2月《村镇建房用地管理条例》发布时起至1987年1月《土地管理法》开始施行时止，农村居民建房占用的宅基地，其面积超过当地政府规定标准的，超过部分按1986年3月中共中央、国务院《关于加强土地管理、制止乱占耕地的通知》及地方人民政府的有关规定处理后，按处理后实际使用面积确定集体土地建设用地使用权。”第五十一条规定：“按照本规定第四十五条至第四十九条的规定确定农村居民宅基地集体土地建设用地使用权时，其面积超过当地政府规定标准的，可在土地登记卡和土地证书内注明超过标准面积的数量。以后分户建房或现有房屋拆迁、改建、翻建或政府依法实施规划重新建设时，按当时政府规定的面积标准重新确定使用权，其超过部分退还集体。”《确定土地所有权和使用权的若干规定》颁布后原《国家土地管理局关于确定土地权属问题的若干意见》（1993年2月3日）即行废止，但延续了稳定现有权益秩序的精神，只是不再规定“代管、出租的华侨房产占用的国有土地，……退回华侨房产时，再变更土地使用权”。这种稳定现有权益秩序的精神能够促进生产效率和生活的稳定，其实早在新中国成立初期就存在。《关于开垦荒地的产权问题给江西省人民政府的复函》（中南行政委员会1953年11月5日）中第一条就规定：“所开荒地的产权为开垦人所有；如所开荒地原为农民所有，其所有权仍属原主，不得变更。但原主要求收回该土地时，应在开垦人耕种熟荒三年、生荒五年后与开垦人进行协商解决。”后来的多个文件，如《国家土地管理局地籍管理司关于对农场用地确权有关问题的函》（[1992] 国土［籍登］字第 16 号　1992 年 6 月 2 日）、《国家土地管理局地籍管理司对福建省土地管理局有关土地权属问题请示的批复》（[1992] 国土［籍登］字第 20 号　1992 年 7 月 13 日）等都对历史上没有明确土地权属的做出了类似“根据目前实际使用土地的情况确定土地权属”的规定。

二、司法政策

司法实践中也有关于近似取得时效的司法解释，如 1984 年 3 月 30 日最高院审委会讨论通过的《关于贯彻执行民事政策法律若干问题的意见》第 58 条规定，承典人可因出典人对有典期而逾期 10 年，无典期而满 30 年未回赎的出租房屋取得所有权。显属典型的时效取得。最高人民法院 1992 年 7 月 1 日作出的《关于国营老山林场与渭昔屯林木、土地纠纷如何处理的复函》确认老山林场取得地上权，认为：老山林场无争议地占有、使用争讼之地达二十余年，且该地确权给渭昔屯，形成了地上权。虽然最高人民法院只是以复函认可这一事实状态，但仍然在事实上承认了地上权的时效取得。

第四节　历史考察之启示

在中国类取得时效及取得时效制度历史中，虽然取得时效制度的存在并不稳定，甚至在一定的时期也不普遍，然而从比较功能主义的角度看，其完全具备了应有的功能，不可完全否认其的存在。

一、难以完全否定取得时效或类似取得时效制度的存在

笔者认为，周朝的“不追诉”和南北朝时期的“还地出诉”制度，亦可看作时效制度，因其也具有取得时效制度的功能：第一，当时并没有诉讼时效和取得时效的明确区分。现代民法区分诉讼时效和取得时效，诉讼时效丧失胜诉权而不丧失实体权利，取得时效从实体上取得权利，但是在当时法律制度尚不发达，不追诉的后果，即已含有权利取得的含义。第二，周朝的《周礼·秋官朝士》记述了“过了时效，取得是合法的”的思想，证明了从意识上实际已经明确“不追诉”后占有人利益的合法地位。宋朝是历史上商品经济比较繁荣的时期，为稳定经济秩序，对典当无文契，或虽执文契但难辨真伪者，不以典当为依据而适用一定期限的占有，这完全符合取得时效的特点。这一时期，取得时效制度在土地陲界纠纷案件、典当难以取证等纠纷中得到较为开放的适用，产生了“限昭到百日，许令归复”的规则，私人对于逃户弃田也可拥有所有权，已经成为农民等的获得土地的一种途径，并形成惯例，说明国家立法与民间法对取得时效制度已完全接受并日臻成熟。南宋后期在取得时效制度的发展方面健全充实了其各种规定和适用条件，取得时效的制度及应用继续得到发展。这一时期的“限昭百日”即是取得时效公告制度，“债负准折”即是取得人承担时效占有标的物抵押债务的制度。这些制度都与现代取得时效制度非常一致。

1909 年的《大清民律草案》，取得时效被规定在草案第一编总则的第七章“时效”之下。1928 年《中华民国民法典》不仅正式规定了取得时效制度，而且该制度正式颁行。在 1928 年至新中国成立，内地已经正式存在取得时效制度，只是时间较短。

新中国之后，虽然废除六法全书，也废除了取得时效制度，但无法完全废弃取得时效制度的实际应用，如《确定土地所有权和使用权的若干规定》二十一条，没有取得时效之名，但有取得时效之实。

二、取得时效制度具有功能的不可替代性

受一定历史时期稳定政权的需要，也基于商品经济的不发达和文化观念的影响，在我国历史上立法保护权利人的方式上较为保守和僵化，依赖契约证据超过了必要的程度。比如，雍正末年在福建省汀漳道任职的徐士林关于山场边界争执的裁决就更依赖契据。尽管契据可能因年代久远而真假难辨，但是，为保持取得时效制度的正当性而设定必要的取得条件或不能取得的条件都是推行取得时效制度所必须的，并非否定这项制度。也正是在保护私有产权、严厉惩罚侵犯私产的清晰背景下，取得时效制度反复出现，其说明了这一制度具有功能的不可替代性及存在的必然性，从而具有顽强的生命力。

第四章

取得时效正当性的新综合论证

第一节　取得时效正当性的传统论证

一、传统民法的论证

（一）实体法上功利主义对取得时效的解释

传统民法主要采用功利主义，论证取得时效带来的各种利益。罗马法中取得时效最早主要是为了鼓励人们使用他人的奴隶、牲畜、土地等闲置之物，以使物尽其用以及补救所有权取得方面的缺陷。[①] 谢在全教授认为取得时效的价值在于其具有社会效益，并能维护财产秩序。此时若将该事实状态推翻，以维持早已破坏之旧秩序，则已建立之新秩序势必遭致毁灭无遗，如此牵累多人，扰乱社会，反与法律之本旨不符。[②] 王利明教授认为取得时效体现了“法律保护

① 参见［意］彼德罗·彭梵得：《罗马法教科书（2005 年修订版）》，中国政法大学出版社，2018 年版，第 200 页；周枏：《罗马法原论》（全两册），商务印书馆，2014 年版，第 345 页。

② 谢在全：《民法物权论》，中国政法大学出版社，2011 年版，第 143 页。

勤勉者，不保护懒惰者”的原则，具有促使权利人积极行使权利从而提高物的使用效率的价值。他总结了取得时效在实现效率价值的两个方面：一方面，该制度能有效地促使权利人积极行使权利，减少资产的浪费和闲置，从而充分发挥资产的利用效率。如果没有取得时效，物和权利的拥有者可以躺在权利上睡眠，长期不行使其权利或者使其财产长期闲置不用，这将使物不能得到有效率地利用。另一方面，因为取得时效允许占有人在一定条件下取得占有物的所有权，就使占有人敢于把占有物投入流通，参与民事流转，尽可能充分地发挥物的效用。物的占有人和权利的行使者如果能够经过一定的期限而取得其权利，就有可能努力增加其占有物或所行使权利的价值。① 斯普兰克林认为，取得时效的存在是为了实现全体公民的整体幸福或“功利”的最大化，财产权利的分配是界定的，是按照最有利于促进社会整体福利的方式进行的。② 他解释说：不动产转让过程经常会发生一些错误，占有人相信他拥有该地的产权，根据不动产的性质和特点，以理性所有人会使用不动产的方式使用不动产，会产生更多的利益。我们还可以把取得时效视为弥补微小产权缺陷的有效方法，从而可以保护占有人的产权。这样就能够

---

① 王利明：《建立取得时效制度的必要性探讨》，载《甘肃政法学院学报》，2002年第1期。

② 参见［美］约翰·G. 斯普兰克林：《美国财产法精解》，钟书峰译，北京大学出版社，2009年版；尹田：《论物权法规定取得时效的必要性》，载《法学》，2005年第8期；薛艳玲：《论〈物权法〉规定取得时效制度的必要性》，载《北方工业大学学报》，2008年第2期；甘功仁，白彦，丁亮华等，《取得时效制度的适用性研究》，载《现代法学》2002年第4期；马栩生：《取得时效未来论：价值与实证》，载《武汉大学学报（哲学社会科学版）》，2005年第1期；王利明：《建立取得时效制度的必要性探讨》，载《甘肃政法学院学报》，2002年第1期；Joyharcup，Green&Henderson. LandLaw［M］. London：Sweet & Maxwell Press，1995：178。

避免纠纷且方便交易，尤其是方便交易可以增加整个社会的公共利益。

（二）程序法上功利主义对取得时效的解释

梁慧星教授认为取得时效制度的设立具有在公正基础上降低证据收集成本的价值。他认为，从权利存在的概然性上看，长久存在的事实状态通常与真实的权利关系一致，而且证明真实权利所需的证据往往会随着岁月的流逝而散失不易获得，或纵能获得，也往往难辨真假。某项财产因为占有的时间过长，一旦发生纠纷，将就权利的真实性造成取证方面的困难，即使能够取证，也存在伪造证据的可能性。依据这些证据难以判断当事人所有权或占有权的真实性。如果要求当事人举证和法官查证，则往往在花费了大量的人力物力以后，未必能够找到具有一定证明价值的证据。“以长期的一定事实状态之存在作为证据，并使之变为权利关系”，则确保了法院结案依据的可靠性。由于法律设定了取得时效，因此只要确定占有人的占有经过一定的时期，符合取得时效规定的条件，法院就可以据此直接确定权利的归属，不需要再就权利的归属问题进行进一步的调查取证。这就有利于证据的收集和判断，并及时解决纠纷。①

二、现代法经济学理论的解释

法经济学理论把经济原则注入功利主义理论。传统的功利主义理论用相当模糊的语言界定人类幸福，而法经济学理论的基本观点是幸福可以金钱的形式进行衡量。莱昂·狄骥认为，也许所有权的

① 梁慧星：《中国物权法研究（上）》，法律出版社，1998年版，第289页。

正当性依据是语言和理论无法解释的，行之有效的方法是用法律的经济分析去解决正当性依据的问题，如德姆塞茨的效率论。还有的学者试图从其所有权存在的现实基础去揭示它，从经济的需要和社会的责任来揭示所有权的正当性依据："所有权是用意适配一种经济需要而成立的法律制度，它和其他各种法律制度一样必须锁着经济需要的本身而演进。"① 法经济学家理查·波斯纳从法经济学的角度分析说：对财产权的法律保护创造了有效率地使用资源的激励。②波斯纳最早把财产定义为"有价值的资源的排他使用权"。法律为了激励个体"有效"利用资源而保护财产权利。在这种意义上而言，资源的"有效"分配是指"价值"即个体的支付意愿最大化的分配。

时效占有人比原权利人有更大的意愿占有标的物，更需要标的物，也就具有更大的支付意愿。这样，保证产权可以转移到最有效率的利用者手中，从而促使资源利用在动态中达到最优化。③ 因此，在法律经济学看来，权利人对标的物的需要，都包括在是否能具有较高的经济利益上。④

---

① 参见［法］莱昂·狄骥：《〈拿破仑法典〉以来私法的普通变迁》，徐砥平译，中国政法大学出版社，2003 年版，第 139 页。

② ［美］理查德·A. 波斯纳：《法律的经济学分析》，蒋兆康译，中国社会科学出版社，2012 年版，第 27 页。Richard A. Posner，*Economic Analysis of Law*，6th Edition. Wolters Kluwer Law & Business，2023. P31。

③ 参见朱一飞：《对建立取得时效制度的法律经济学分析》，载《广西政法管理干部学院学报》，2005 年第 1 期。

④ 参见 Miceli T J，Sirmans C F. An economic theory of adverse possession［J］. International Review of Law & Economics，1995，15（2）：161－173。

第二节 传统论证的不足及新综合论证的提出

对取得时效正当性传统的结果主义论证，在现代社会凸显不足。发生在英国的 J. A. Pye（Oxford）Ltd v. United Kingdom 案取得时效制度与人权保护之间的冲突，非经权利人同意，未经通知，没有预警且无补偿，尽失权利人个体利益与取得时效公共利益之间的公正的平衡。美国科罗拉多洲的 McLean v. DK Trust 案判决的不公正引起了社会的轩然大波，招致媒体强烈批评，直接导致 1148 法案修改了取得时效制度，并影响美国佛罗里达州和纽约等州修法使得取得时效的条件比以前更加严格。发生在澳门的桃花岗组案也显示出对取得时效有失公正的不满。因此，必须充分认识传统论证的不足，对取得时效制度再认识。

一、传统论证的不足

（一）难以回答道德要求的终极问题

近二十年来，功利主义学派中的法经济学观点的影响相当大，从承租人的权利到土地利用法等各方面的学术争议都受此影响。尤其是其外部化概念，给侵扰法提供了重要的见解。但是，人的基本需要是无法标价的。即使所有人的幸福都可以金钱的形式进行衡量，“支付意愿”在本质上还是有缺陷的。因为我们的社会既有财富分配是不平等的。即使波斯纳本人也承认，法经济学理论不能回答“资源的有效分配能否适合社会或者道德要求的终极问题”，但波斯纳仍然坚持，在做出判决时，有效性是应该考虑的一个因素。[①]

笔者承认法经济学在判决时考虑有效性是必要的，其只是多个因素中的一个因素而已。但取得时效的公共利益却难以精确计算，不仅在于公共利益呈现在制度应用的诸多方面，而且在于精神利益价值的难以计量，况且任何制度也有必要给人的情感留有充分的余地。

（二）难以量化公共利益

Carol Necole Brown 和 Serena M. Williams 认为，逆权管有不仅不会带来公共利益，而且使所有权制度体系的价值降低。“逆权管有引发了很多内在问题。逆权管有对个人财产权的影响是邪恶的。单独一件逆权管有不足以扰乱全国市场，但对于单个业主而言，擅自侵入的不道德行为能够成长成为权力完全是毁灭性的灾难。”[②] 有学者提出这样的事实来反对取得时效制度：《德国民法典》颁布以来直到现在，适用取得时效制度得到物权的非常罕见，只有几例[③]。柳经纬教授认为方便法院审理案件不足以构成时效制度的存在理由。[④] 他分析认为：所谓案件因年代久远而证据灭失导致查证的困难，只是一种理论假设。这种假设的不实之处在于，它可能符合某些案件的实际情况，但并非所有的案件都因年代久远而证据灭失，

① ［美］理查德·A. 波斯纳：《法律的经济学分析》，蒋兆康译，中国社会科学出版社，2012 年版，第 12 页。Richard A. Posner，Economic Analysis of Law，6th Edition. Wolters Kluwer Law & Business，2023. P14。

② Brown C N，Williams S M. Rethinking Adverse Possession：An Essay on Ownership and Possession. Syracuse Law Review，2010，60（3）：P10－33.

③ 参见王胜明：《物权法制定过程中的几个重要问题》，载《法学杂志》，2006 年第 1 期。

④ 柳经纬：《关于时效制度的若干理论问题》，载《比较法研究》，2004 年第 5 期。

即便证据灭失也并非都无法查明事实。笔者注意到，这些观点对取得时效制度的功能并不否认，但对于功能实现的具体程度以及产生的公共利益量化评估却并不认同，而量化的不可能降低了时效取得的正当性以及存在价值的说服力。

二、新综合论证的提出

（一）超越“时效占有人是否优越”的问题

以评估情感、幸福、需求利益的方法衡量取得时效的正当性走入了难以量化的绝境，关键在于道德评价的方法缘于人意志的向背。如果个人微小的意志在公共利益面前不足以平衡，那么公共利益就可以成为侵犯一切价值的利器。具体来说，功利主义不能解决原权利何以能够被他人取得的问题，首先在于为什么时效占有人可以优越于原权利人；其次是，假设基于公共利益可以优越，那么允许这种优越到何种程度。在不能逾越第一个问题的前提下，第二个问题当然无解。因此，关键是对第一个问题的重新认识。

（二）新综合论证观念的提出

康德的纯粹实践理性指出，权利人和时效占有人的正当行为基于相同的道德准则，他们之间没有优越性可言。因此，在正当性的基础上，取得时效功能上的必要，就是取得时效制度存在的必要。基于此，笔者提出取得时效制度的新综合论证：

第一，取得时效制度功能上的难以替代性。传统上对取得时效的功能已经取得了较一致的认同，功利主义也并不否定取得时效具有一定的功能。

第二，时效占有人意志与权利人意志之间具有相容性。两者之间首先具有相容的可能性，如果在制度设定上能够实现这种可能性，取得时效就是正当的而非侵犯性的。在取得时效具有正当性的基础上，取得时效具有的功能就成为了其必要性的全部理由。

第三节　取得时效制度的新功能论证

本文第三章对内地取得时效制度及类取得时效制度的历史考察业已表明，取得时效具有功能上的不可替代性。当下仍然具有取得时效制度发挥功能的需要。

一、取得时效的传统功能论

罗马法中取得时效最早主要是为了补救所有权取得方面交易形式主义引致的缺陷。[①] 梅因在《古代法》中这样说过："法学专家制定的这个时效取得，提供了一个自动的机械"通过这个自动机械，权利的缺陷就不断得到矫正，而暂时脱离的所有权又可以在尽可能短的阻碍之后重新迅速地结合起来。"[②] 谢在全教授认为，取得时效的功能在于建立新财产秩序，避免新秩序毁灭牵累多人，扰乱社会。[③] 王利明教授认为取得时效具有确定财产归属、定分止争、维护社会秩序和交易的安全的功能。[④] 梁慧星教授认为取得时效制度的设立，可以使事实代替证据，据此直接确定权利的归属，不需要

① 参见［意］彼德罗·彭梵得：《罗马法教科书（2005年修订版）》，中国政法大学出版社，2018年版，第200页；周楠：《罗马法原论（全两册）》，商务印书馆，2014年版，345页。

② ［英］梅因：《古代法》，沈景一译，商务印书馆，1996年版，第163页。

③ 谢在全：《民法物权论》，中国政法大学出版社，2011年版，第143页。

④ 王利明：《建立取得时效制度的必要性探讨》，载《甘肃政法学院学报》，2002年第1期。

再就权利的归属问题进行进一步的调查取证。① 取得时效的这些功能已经得到学界普遍认可。这些功能，对于现有法律体系下的公信制度、善意取得制度、先占制度、诉讼时效制度而言无法完全替代。②

二、取得时效的新功能论

（一）可弥补土地承包经营权流转中的产权瑕疵

在落实《民法典》登记制度中，发现农村部分土地多轮流转、建设用地占用农田、农转非以及婚丧嫁娶分户等人口变动而土地未动、农户间互换田块、地力肥瘦折扣面积，有的地方农民约定以村为单位，三五年对承包地做一次调整，导致实际土地承包经营状况与1999年确权发证的情况不相吻合。地方一般采用边解决纠纷边确权发证的方式。农户以转让方式流转承包地的，未经原承包方书面申请和发包方书面认可的，仍按原承包农户确权登记颁证。经原承包方书面申请和发包方书面认可的，按照流转协议（合同）据实测

① 梁慧星：《中国物权法研究（上）》，法律出版社，1998年版，第289页。

② 参见王利明：《建立取得时效制度的必要性探讨》，载《甘肃政法学院学报》，2002年第1期；温世扬、廖焕国：《取得时效立法研究》，《法学研究》，2002年第2期；孙宪忠等：《德国当代物权法》，法律出版社，1997年版，第202页；徐国栋：《客观诚信与主观诚信的对立统一问题》，载《中国社会科学》2001年第6期；徐国栋：《主观诚信概念在中国民法理论中的地位——答王立争先生〈“主观诚信说”若干观点质疑〉一文》，载《政治与法律》，2011年第05期；柳经纬：《关于时效制度的若干理论问题》，载《比较法研究》，2004年第05期；张俊浩主编：《民法学原理》（上册），中国政法大学出版社，2000年版，第343页；王作堂主编：（民法教程》，北京大学出版社，1983年版，第124－125页；Leung M. M.，“Reforming the Law of Adverse Possession in Hong Kong,” HKJ Legal Stud.，vol. 2，no.（2008），pp. 43；王家全：《取得时效在我国的立法困境》，载《贵州师范学院学报》，2014年第2期；甘功仁等：《取得时效制度的适用性研究》，载《现代法学》，2002年第4期；周春梅、毛卫民：《取得时效的立法思考》，载《贵州大学学报》，1992年第2期。孟利民：《取得时效制度存废的价值分析》，载《法律适用》，2005年第11期；董雯婧：《我国民法典设立取得时效制度的必要性探究》，载《福建论坛（社科教育版）》，2010年第08期。

量土地并确权登记颁证。对于承包地块、面积、边界及承包经营权存在争议和纠纷的，由村农村土地承包经营权确权登记颁证工作实施小组根据实际情况提出处理意见协调解决，协调解决不成的可通过仲裁、诉讼等法定程序依法解决，纠纷解决后再进行登记。[①] 可以预见到，确权后仍然会发生不规范的流转，如何处理这些纠纷，亟需立法完善。

从内地农村大量房屋买卖纠纷案件中发现，可用取得时效制度弥补农村土地承包经营权流转中错误产生的产权缺陷。部分案件买受人均已就涉案房屋形成长期稳定的占有、使用关系，且法官均考虑到，涉案房屋为买受人实际居住的唯一住房。与此相对，其中部分个案件中，法官分析了出卖人在转让涉案房屋以后仍另有住房，有些甚至已经转为城镇户口，完全脱离了农村生活。天津法院比较多地考虑买受人是否长久、稳定地占有和使用涉案房屋，更倾向于追求类似于“时效取得”的法律效果。在这些纠纷处理措施上，基本是“维持现状”，不予调解。[②]

（二）促进撂荒土地的利用

改革开放后，一些农民“洗脚”进城务工，因为对前景没把握，农村社会保障机制又不健全，所以将回乡务农留做退路。进城期间，承包地短期出租收益较低，又担心土地收不回来，不愿流转，也有的难于流转出去，[③] 形成土地撂荒。最近几年耕地撂荒存在量

① 参见《江西省农村土地承包经营权确权登记颁证若干问题解答》，2014 年；《宜昌市农村土地承包经营权确权登记颁证工作领导小组办公室关于确权登记颁证试点工作若干问题的处理意见》，2014 年。

② 参见九章研究所：《农村房屋买卖合同的效力及后果》，审判研究，2015 年 1 月20，http：//www. aiweibang. com/yuedu/10960178. html，2016 年 3 月 28 日。

③ 参见马永锋：《探讨耕地撂荒问题成因及其对策》，载《中国集体经济》，2013 年第 7 期。

大面广、持续时间长、撂荒面积不断增加，四川省、重庆市一些乡镇农村耕地撂荒越来越严重，大春耕地撂荒面积达2%～20%，小春耕地撂荒面积高达20%～80%。[①] 2011年郑兴明、吴锦程对福建省福州、泉州、龙岩、莆田、三明、南宁、宁德等八市进行调查，已发生撂荒行为的农户占被调查农户的35.1%；[②] 临县白镇吴家湾行政村，实际耕种的土地不足总耕地的20%。[③] 在农村人口流动过程中，流动到其他地区的农民舍弃了本来耕种的农地和宅基地，也会在本地出现由他人耕种的情况。[④] 如果不能确认撂荒耕地的权属问题，则会降低耕种撂荒地的积极性，确认农民对其耕种的撂荒土地的权益的问题亦难以解决。

（三）从夫居妇女土地问题

为维护农民的合法利益，调动农民的生产积极性，保持农村的长期稳定，从1984年开始，土地承包期限长期不变就成为党和政府于各种文件中追求和张扬的目标。[⑤] 这些目标与规定在实践中随着深化而浓缩为“增人不增地，减人不减地”政策。该政策在1998

---

① 参见胡俊生：《广东代耕农生存状况调查》，载《中国改革（农村版）》，2004年第5期。

② 参见申群喜、胡波、叶立新、刘立新、蒋先进、麻昌贵、王悦：《珠三角代耕农的生存境况及相关问题研究》，载《云南财贸学院学报（社会科学版）》，2006年第1期。

③ 参见陈海真、李颖欣、商春荣：《“代耕农”：离乡不离土的农村劳动力转移模式——以广东省博罗县铁场村为例》，载《青年研究》，2007年第7期。

④ 参见薛艳玲：《论〈物权法〉规定取得时效制度的必要性》，载《北方工业大学学报》，2008年第2期。

⑤ 1993年《中共中央关于当前农业和农村经济发展的若干政策措施》更是明确指出：“在原定耕地承包期到期之后，再延长30年不变。”中共十五届三中全会通过的《关于农业和农村工作若干重大问题的决定》也强调指出，稳定农村土地承包关系，保持农村稳定，“是党的农村政策的基石，决不能动摇。要坚定不移地贯彻土地承包期再延长30年不变的政策，同时要抓紧制定确保农村土地承包关系长期稳定的法律法规，赋予农村长期而有保障的土地使用权”。

年《土地管理法》修订时更是以法律形式于第 14 条明确规定“土地承包经营期限为 30 年”。其后的《农村土地承包法》《民法典》都体现了这一政策。[①] 然而，这一政策在“从夫居”婚嫁习俗下却引发了农村妇女失地的现象。尽管 2018 年修订的《农村土地承包法》第 16 条第二款明确规定了农户内家庭成员依法平等享有承包土地的各项权益，但是仍未明确嫁入夫家妇女享有土地承包经营权，在农村土地征收中她们的土地权益依然可能因此受到侵害。

中国内地农村普遍遵从“从夫居”婚嫁习俗，过去 30 多年间，随着“增人不增地，减人不减地”政策的影响，农村妇女因婚嫁而失地的现象日益严重。[②] 而近年来随着城市化进程的加快，中国内地出现了“农业妇女化”的发展趋势。[③] 使得农村妇女依赖土地，却缺

---

① 2003 年 3 月开始施行的《农村土地承包法》仍然以“赋予农民长期而有保障的土地使用权”作为其立法宗旨之一，并在第 20 条针对不同类型的土地对承包期分别进行了规定：“耕地的承包期为 30 年。草地的承包期为 30 至 50 年。林地的承包期为 30 至 70 年；特殊林木的林地承包期，经国务院林业行政主管部门批准可以延长”。《农村土地承包法》第 21 条的规定与我国现行农村土地政策和土地管理法的基本精神是完全一致的。“增人不增地，减人不减地”政策还体现在 2007 年颁布的《物权法》第 126 条之中。《物权法》第 126 条第 2 款规定的“承包期届满，由土地承包经营权人按照国家有关规定继续承包”但在土地二轮承包前出台之极具影响的《关于进一步稳定和完善农村土地承包关系的通知》（中办发［1997］16 号）中，却发出了允许“大稳定、小调整”的政策声音，尽管该通知明确该政策的前提是稳定，但对调整的基本条件只字未提，因此与“增人不增地，减人不减地”政策不相吻合，《农村土地承包法》第 28 条第 2 款事实上也肯认“大稳定、小调整”政策的合法地位。

② 参见宋月萍等，《婚嫁失地会加剧农村妇女遭受家庭暴力的风险吗？——对中国农村地区的考察》，《妇女研究论丛》，2014 年第 1 期。

③ Li Zongmin. Changing Land and Housing Use by Rural Women in Northern China［A］. in Tinker and Summerfield，eds.. Women's Rights to House and Land：China Laos，Vietnam［C］. Lynne Rienner Publishers，1999. Laurel Bossen. Chinese Women and Rural Development［Z］. Lanham，MD：Rowman & Littlefield，2002. Danise Hare，Li Yang，Deniel Englander. Land Management in Rural China and Its Gender Implications［J］. Feminist Economics，2007，(3)：35 – 61.

乏土地保障。土地财产权是影响从夫居妇女社会家庭地位的重要因素。[①] 妇女一旦因丧偶、离异离开夫家，就会失去生活来源，土地保障缺乏严重影响妇女家庭地位，并成为引发家庭暴力的重要因素[②]。

目前农村开展的土地承包经营权登记，依据2014年农业部第2062号公告发布的《农村土地承包经营权调查规程》以及中央和地方配套政策，[③] 可以解决现有问题，但新的从夫居妇女失地问题仍会继续出现。

需要提出的是，已废止的《最高人民法院关于人民法院审理离婚案件处理财产分割问题的若干具体意见》第6条[④]规定的夫妻个

---

① 参见宋月萍等，《婚嫁失地会加剧农村妇女遭受家庭暴力的风险吗？——对中国农村地区的考察》，《妇女研究论丛》，2014年第1期；Agarwal，Bina. A Field of One's Own：Gender and Land Rights in South Asia ［M］. Cambridge：Cambridge University Press，1994；Nidhiya Menon，Yana Rodgers. Land Rights and Economic Security for Women in Vietnam. Working Paper，2012。

② Levinson，D.. Family Violence in Cross – cultural Perspectives ［M］. Newbury Park，CA：Sage，1989.

③ 2014年农业部第2062号公告发布的《农村土地承包经营权调查规程》6.2.2.条规定，确定承包方代表时农户家庭成员信息以户口簿和婚姻户籍登记或证明数据为基础。甘肃省《关于农户家庭土地承包经营权主体变更的问题》、湖南省《关于土地确权农村土地承包经营权确权登记颁证八个问题》、《江西省农村土地承包经营权确权登记颁证若干问题解答》（2014）等都对未分得土地的从夫居妇女的土地权利做出承认其共有权利的规定。其中，甘肃省《关于农户家庭土地承包经营权主体变更的问题》最为典型："根据农业部颁布的《农村土地承包经营权调查规程》规定，确认登记农户家庭土地承包经营权共有人，原则上应以实施土地确权登记之日为时点，以户口簿和婚姻、户籍登记或其他证明数据中的农户家庭成员信息为依据，实施土地确权登记之日前户籍簿登记在册的所有家庭成员，原则上均应确认登记为共有人"。

④ 《最高人民法院关于人民法院审理离婚案件处理财产分割问题的若干具体意见》第6条规定："一方婚前个人所有的财产，婚后由双方共同使用、经营、管理的，房屋和其他价值较大的生产资料经过8年，贵重的生活资料经过4年，可视为夫妻共同财产。"

人财产转化制度可以较好地化解这一矛盾。但当时该制度却因该种财产所有权‘转化’无取得时效制度支持受到多数学者的质疑而被废止。① 马忆南教授认为，当时取消这个规定，显得过于轻率，缺少充分的调查论证。② 因此，通过建立取得时效制度，只对实际占有土地承包经营权的家庭成员间权利关系予以转换，既未将其他与生活生产无关的财产牵涉进来，又可以解决从夫居妇女的土地保障问题，并能较好地避免对原制度诟病的通过婚姻敛财的问题，不失为恰当的选择方式。

（四）解决不动产历史遗留问题

中国内地城市房产政策经历了多次政策变动，新中国成立后城市私有房屋社会主义改造、改革开放后住房制度改革以及单位集资建房等产生一些历史遗留问题，一些是没有进行房产权属转移登记、一些是房屋没有归还原所有权人，有的可以通过法律解决，有的法院不予受理③，这些遗留问题亟待解决。

（五）小产权房问题

“小产权房”，也称“乡产权房”，并不是一个法律上的概念，只是人们在实践中形成的一种约定俗成的称谓，是一些村集体组织或者开发商出售的、建筑在集体土地上的“商品房”。根据某机构初步估算，1995－2010年间全国小产权房建筑面积累计约7.6亿平方米，相当于同期城镇住宅竣工面积总量的8%。有研究团队称，

---

① 参见蒋月：《夫妻的权利与义务》，法律出版社，2001年版，第149页。

② 马忆南：《离婚住房分割的法律规则的历史考察——以〈婚姻法解释（三）〉第7、10、11条为重点》，载《中国婚姻家庭法学研究会2012年年会论文集》（未出版）。

③ 最高法发［1992］第38号，《最高人民法院关于房地产案件受理问题的通知》。

小产权房总面积相当于住房总面积的25%。有地产商认为，北京的小产权房涉及的家庭就超过30万户。

由于违反建筑法规，“小产权房”往往并不能取得可交易的产权，因此，虽然进行了交付，但实际并没有转移产权，受让方也并没有取得物权。这样，占有就是存在的。但是，因违反建筑法规不同，也应区别对待。如果违反的是土地出让、建筑许可等管理性或程序性规范并非违反详细规划，则应当不影响取得时效的法律效果，可以通过取得时效制度解决其产权问题。

此外，在遗失物取得、流浪宠物等方面取得时效制度也有存在的必要。

第四节　取得时效制度的意志相容性论证

一、意志

（一）意志的一般概念

意志并非法学独有的概念。从心理学上讲，意志（will）是与行为相对应的内在的心理机制。意志是个体自觉地确定目的，调节、支配自己的行动，克服困难以实现预定目的的心理过程或状态。意志过程与认识过程、情感过程密切联系、相互影响。认识为意志确定目的、调节行动，情感则激励其行动。反过来，意志又推动认识，并控制感情。在改造现实的行动中，三者总是彼此渗透，构成统一的心理活动。[①] 法学上，康德常用德文中的 Wille 和 Willkr 来指人的意志。在其《道德形而上学》中，两者的含义最终被明确为：Willkr 是直接与行为有关的意志，是一种选择能力，因此康德著作的英译者有时将其翻译为 choice 或 faculty of choice，指在不同的愿望对象中作出选择，决定行为将要达到的目的。

由于渴望做出的决定（作为渴望的喜爱或偏爱的依据）的内在原则存在于主体的理性中，这种渴望的能力便构成意志。[②] 法学上的意志并不是实现目的的过程，而是以知识为载体的选择目的的能力。其不是目的与知识互动的过程，而是知识的性质，着眼于选择目的的能力。

（二）自由意志与纯粹实践理性

康德这样论述自由意志：可以由纯粹实践理性决定的选择行为构成了自由意志的行为。自由意志自我决定，因而它是自由的。人真正的自由在于意志独立于一切感性的欲望和外在的目的决定自己的行为。[③] 康德的纯粹实践理性是不依赖于任何经验内容的先验的理性。“先验是指绝对离开一切经验而独立自存”。“当先天的知识未杂有经验的事物在内，则名为纯粹”。[④] 经验不予吾人以真实之普遍性，而普遍且具有内在必然性之知识因其离去一切之经验必应明

---

① 参见林崇德、杨治良、黄希婷主编：《心理学大词典》（下），上海：上海世纪出版集团上海教育出版社，2003 年版，第 1555 页。

② 参见［德］康德：《法的形而上学原理—权利的科学》，沈叔平译，商务印书馆 1991 年版，第 12 页。

③ ［德］康德：《法的形而上学原理——权利的科学》，沈叔平译，商务印书馆 1991 年版，第 12－13 页。

④ ［德］康德：《纯粹理性批判》，蓝公武译，商务印书馆，1960 年版，第 30 页。

晰而正确。[1] 康德在“自由意志”的观念下，提出了权利的本质是“意志的自由行使”：“自由是独立于别人的强制意志，而且根据普遍的法则，它能够和所有人的自由并存，它是每个人源自其人性而具有的独一无二的、原生的、与生俱来的权利。[2] “你的意志的自由行使，根据一条普遍法则，能够和所有其他人的自由并存”[3]。从康德关于意志的形式定义中可以看出，意志仿佛是一种能力，或者诸能力的结合，我们可以观察到这种结合，并且对之有直接的意识。意志是一种通过规则的观念而对我们的因果关系进行规定的能力，并且，由于为了从规则或法则中推论出行动就需要有理性，所以意志就不是别的而是实践的理性。意志没有动机。[4] 康德的意志具有抽象的目的而没有具体的目的，因为一旦目的被具体化，人与人之间很难绝对不产生矛盾，同理，意志也没有具体的动机。

对理性的怀疑者并非少见，比康德更早的休谟如是说：让我们变得彻底地感觉人类理性的脆弱、盲目和狭隘，让我们正确地考虑它所表现的不确定和不必要性的矛盾，即使在日常生活和实践的题材上也是如此。让我们看清我们感觉本身的虚妄和错误；看清一切哲学系统重要基本原理所连带着的哪些不可克服的困难——当我们把这些题材充分明白地剖示出来……谁能对这理性的脆弱能力保持这样大的信心，以至在如此崇高、如此深奥、如此远离日常生活及

---

① 参见［德］康德：《纯粹理性批判》，蓝公武译，商务印书馆，1960 年版，第 32 页。

② ［德］康德：《法的形而上学原理——权利的科学》，沈叔平译，商务印书馆 1991 年版，第 50 页。

③ 同前注［德］康德：《法的形而上学原理——权利的科学》，沈叔平译，1991 年版，第41 页。

④ ［美］刘易斯·贝克：《〈实践理性批判〉通释》，黄涛译，华东师范大学出版社，2011 年版，第 218 页。

经验之点，对理性的决定也给予任何尊重呢?[①] 任何事物的存在，只能以其原因或结果来论证，来加以证明，这些论证是完全建立在经验之上的——至于经验可以把因果的本性和范围教给我们，使我们可以根据一件事物的存在，来推测另一件事物的存在——我们如果相信这些原则，那我们在巡行各个图书馆时，将有如何大的破坏呢？我们如果拿起一本书来，例如神学或经院哲学书，那我们就可以问，其中包含着数和量方面的任何抽象的推论么？没有。其中包含着关于实在事实和存在的任何经验的推论么？没有。那么我们就可以把它投到烈火里，因为它所包含的没有别的，只有诡辩和幻想。[②] 人人都可以据此声称任何一部法律违背了理性，从而为他的不服从制度制造借口。[③]

笔者认为，纯粹理性的自由意志，能够说明法的正当性的道德本质，能反映实证法正当性的道德本质。有学者认为，理性是一种抽象，但是，作为法律主体的人不能是抽象的，必须是具体的，必然是带有非理性的成分，这样才能在生活中具体运用。[④] 笔者对其理由持赞同态度，但事实上，康德的理性只是知识可能性的条件，而不是一个先天独立的知识来源。[⑤] 康德的理性批判证明：理性并

---

① 参见［英］休谟：《自然宗教对话录》，1957 年版；转引自维恩·莫里森：《法理学》，李桂林、李清伟、侯建、郑云端译，武汉大学出版社，2003 年版，第 108 页。

② 参见［英］休谟，《人类理解研究》，转引自维恩·莫里森：《法理学》李桂林、李清伟、侯建、郑云端译，武汉大学出版社，2003 年版，第 108 页。

③ Hobbes. A Dialogue Between A Philosopher and AStudent of The Common Law of England［M］. Chicago: The University of Chicago Press, 1997.

④ 参见何柏生：《马克思主义法学为何要把“意志”视为法律本质》，载《法律科学（西北政法学院学报）》2004 年第 2 期。

⑤ 参见刘杨：《法律正当性观念的转变》，北京大学出版社，2008 年版，第 150 页。

不是完善理论知识的、运用成熟的伦理学和美学原则的核心代表，而是达到这种知识和原则的能力；它也不是答案，而是问题、观点、形式与范畴的总和，观点是人们向给定现实提出的，形式则需通过对给定素材的认可，范畴经过在给定材料上的运用，才能提供内容确定的判断和评定。①

康德在法哲学上的意志，作为纯粹实践理性塑造的自由和道德上的正当性可以被确认为公理，但却因理性的纯粹高于现实而被批判。笔者认为，批判纯粹理性，并非否定理性而是否定纯粹，也就是说肯定理性（相对地理性，多种理性共同组织成的理性共同体），并肯定相对理性意志的正当性依然被继承并沿用至今。即使实证法以合法性替代正当性，仍然是以更合理更全面的理性为目的，并且以各种以理性价值为基础的制度作为裁判合法性的标准，以不懈地努力来构建更正当的自由意志。

（三）民法上的意志

康德这样应用纯粹理性原理在制造法律：如果我在言或行中声明我的意志是：某种外在的东西是我的，这等于我宣布，任何他人有责任不得动用我对它们行使了意志的那个对象。如果我这一方面没有这种法律行为，那么，这种强加于人的责任是不会为他人所接受的。可是，还要假定我做出这样行为的同时，还包含这我必须承诺也不侵犯任何别人占有的、外在地属于他人的东西。因为这里所说的责任，产生于规定外在法律关系的普遍法则，因此，我对他人宣布，那外在地是他人的东西，我没有责任不去动用它，除非其他的人都同样地，根据同样的原则，保证不去动用属于我的东西。这

① 参见［德］拉德布鲁赫：《法哲学》，王朴译，法律出版社，2005年版，第18页。

种互不侵犯于别人的东西的保证，并不需要特别的法律条文来使其生效，而是已经包含在一种权利的外在责任的概念中，因为这种普遍性以及由此而来的互相间的责任，是从普遍法则产生出来的。一个单方面的意志对一个外在的因而是偶然的占有，不能对所有的人起到强制性法则的作用，因为这可能侵犯了普遍法则相符合的自由。所以，只有那种公共的、集体的和权威的意志才能约束每一个人，因为它能够为所有人提供安全的保证。当人们生活在一种普遍的、外在的以及公共立法状态之下，而且还存在权威和武力，这样的状态便称为文明状态……作为必然的结果，就是：如果法律上让人有可能去拥有一个外在物作为自己的东西，那么，必须使每一个有可能在占有问题上发生争论的人，共同进入文明社会组织的关系之中。①

法律以社会契约之严肃、公意之权威，并以及自由意志之道德性，最终承认了所有权神圣原则。② 所有权的意志或理性具体就是“普遍法则”。但作为最高原则的意志或理性的普遍法则中仍然含有其它具体法则，比如婚姻是依据“人性法则”。

法哲学中意志概念的具象为民法中“意思”，形成了“意思自治”民法基本原则。“毫无疑问，自然法，尤其是近代的理性主义自然法关于尊重人的权利，人以自由为本性的思想，是罗马法和《拿破仑法典》确立和弘扬‘私法自治’观念的法哲学基础。”③ 法

① ［德］康德：《法的形而上学原理——权利的科学》，商务印书馆，2009年版，第73页。

② ［德］康德：《法的形而上学原理——权利的科学》，商务印书馆，2009年版，第100页。

③ 参见吕岩峰：《私法自治与国际私法——兼论国际私法的性质和范围》，载《法制与社会发展》2000年第1期。

国学者卡尔波尼埃认为，意思自治是一种法哲学的理论，即人的意志可以依其自身的法则去创设自己的权利义务，当事人的意志不仅是权利义务的渊源，而且是其发生根据”。[①] 这里，动机在于其符合人的目的，根据则在于其纯粹理性之自由原理。尽管康德所强调的权利之原则是一个人的行为如果正确，则其必须能够和每一个人的意志自由同时并存。但人们似乎总是更多地在关注康德的权利的本质就是意志的自由行使，而不是在那个普遍原则中所揭示的各个自由意志的关系。代表意志的意思具有了目的、非理性等理性之外的成分，而理性即开放地面向秩序（道德）、其它价值及其它方法论范式下的正义。

于是，传统民法强调以个人为主体，自由为价值，以权利为本位，并建构了它的体系。意思自治最终不可能仅契合一方主体的目的，民事交往中达成意思一致才能产生拘束效力，进而推动法律关系的变动。这种意思一致，体现并验证了相当程度的理性。此种程度，虽然难能符合全社会、每个人的利益，但能够满足社会运行的需要。而基于尚未达至理性，对每个主体的利害，往往会基于机会均等，社会运行中达致每个主体利害的逐渐平衡。如果说康德纯粹实践理性的自由意志是个原理，那么意思自治就成为了该原理的工程模型。

民法的外观主义，也以纯粹实践理性的自由意志为原理。权利外观所表达的意志应具有纯粹实践理性的性质，权利外观所表达的权利，必然与他人权利无害，与公共利益无害。康德说，如果他是一个政治共同体的成员或公民联合体的成员的话，这个国家可以代

① 参见尹田：《法国现代合同法》，法律出版社，1995 年版，第 13 页。

替他保留他的占有权，虽然这种作为私人的占有可能受到中断。在这种情况下，实际的占有者将无法去证明他获得的资格，哪怕是来自最初的占领，或者是根据时效而取得的资格。[①] 笔者认为，这正是通过登记表达的权利不能通过时效取得制度的解释。

这种纯粹实践理性标准，无疑是对客观行为中的权利外观的要求过于苛刻。登记是所有权人意志的表现，是所有权的外观。孙宪忠认为："登记同样是一种法律行为，而作为法律行为，必须考虑登记中意思表示"；"所谓登记意思表示，指的是全部为不动产登记所必需的由当事人和登记机关所作的意思表示"；登记意思表示的内容主要有：登记机关的登记许可、当事人以及相对人提出的登记申请、登记机关在登记时所作的其它为登记必须的意思表示以及当事人或相对人为支持和补充登记申请所作的其它意思表示。[②] 但是，登记制度只能是表达意志的工具。[③] 登记所表达的意志与真实意志的不同，也就必然存在并表达了差别。占有亦是所有权外观。然而，占有不仅作为外观表达所有权的意志，占有更是所有权的目的。无论占有以何种方式达成，法律为了和平与稳定的目的保护并维持现状，这是占有制度的本质。占有制度与取得时效制度相关而不等同。确切地说，占有只是取得时效的要件之一，也可以说，占有是取得

① ［德］康德：《法的形而上学原理：权利的科学》，沈叔平译，商务印书馆，2009 年版，第 122—123 页。

② 孙宪忠：《德国当代物权法》，法律出版社，1997 年版，第 133 页。

③ 这并非法律的工具主义，法律的工具主义是对整个法律体系所进行的评价，和对法律的正当性进行的否定。笔者不反对法律整体的正当性，因此并不赞同法律的工具主义。但是笔者仍然认为法律体系中的部分制度并不能实现正当性，因其有着明显的工具性。

时效的前提性制度，取得时效是占有的衍生性制度。[1] 与其说占有是所有权的表现方式不如说占有是所有权的目的。所有权正是使权利人占有更丰富，更彻底，更灵活。所有权的意志本质上是为权利人实现占有的意志。这样就形成了占有、登记与所有权之间的意志冲突。以大陆法系德国立法为例，德国因登记取得时效（民法典第900条）与占有作为取得时效的基础都要求自主占有。该国没有登记不动产仅通过占有可以取得时效的制度，可以认定登记对抗长期占有，但可以通过公示催告（民法典第927条）取得所有权方法也要求30年的自主占有。所有权所附的登记义务，与排除义务相比，更难以用权利的正当性解释。

信赖责任理论认为，登记因为被信赖而负担某种法律义务。信赖责任理论对于登记"表示"这种易于识别的客观行为的重视，则摆脱了纯粹实践理性的玄妙和神秘，其结果是对于权利相对人给予了必要的注意，[2] 而权利相对人则需要对权利外观所表达的意志进行必要的判断。权利外观所表达的意志，并非总与权利一致。没有达成信赖，也就不产生信赖利益，但是对权利外观完成了必要的判断，权利外观所表达的意志应予肯定，则应符合纯粹实践理性自由意志基本原理。

实证法上的意志是理性化意志。康德纯粹理性的意志在具象为经验的民法学意志后，只能是近似的理性。抽象的纯粹意志没有目的而民法学上的意志包含目的，前者作为一种能力使他人目的之间

① 参见徐国栋：《主观诚信概念在中国民法理论中的地位——答王立争先生《"主观诚信说"若干观点质疑》一文》，载《政治与法律》，2011年第5期。

② 参见丁南：《从"自由意志"到"社会利益"——民法制度变迁的法哲学解读》，载《法制与社会发展》2004年第2期。

不矛盾，而后者与他人的目的之间存在矛盾，原因一方面就在于其理性的不完全性，也即存在其非理性。另一方面，民法学上目的是具体的，发展的。这种非理性及其目的，随着认知不断向理性和更加理性的目的转化。转化的原因不是心理学上的心理状态，而是人们目的之间的矛盾。因此，民法学上的意志，应当是一种理性化意志。民法学上以“意思”所表达的意志，不仅具有一定的理性和目的性，也具有非理性的成分。理性、非理性和目的性构成了实证法正当性的三个影响因素。实证法正当性的获得依赖理性，实证法理性也是在感性积累基础上通过目的的检验形成的。

（四）意志在何种情况下正当

基于下文以纯粹实践理性为原理，以非纯粹实践理性为分析目标的论证结构，采用二元分割的方法，意志可分为纯粹实践理性决定的选择行为和非纯粹实践理性决定的选择行为。

1. 纯粹理性意志的正当性

康德的纯粹实践理性和自由意志理论，不因对纯粹实践理性的存在和人理性的来源问题如何认识，而从概念上能够成立。在自由意志的观念下，康德提出了权利的普遍原则是：“外在地要这样去行动：你的意志的自由行使，根据一条普遍法则，能够和所有其它人的自由并存”。[①] 这样的权利和这种权利和义务构成的法律具有正当性。

在康德看来，“只有一种天赋的权利，即与生俱来的自由。自由是独立于别人的强制意志，而且根据普遍的法则，它能够和所有人的自由并存，它是每个人由于他的人性而具有的独一无二的、原

① ［德］康德：《法的形而上学原理——权利的科学》，沈叔平译，商务印书馆，1991 年版，第 41 页。

生的、与生俱来的权利”。[①] 从这里看出，这样的权利概念里已经隐含了正当性。这里，正当性根源在于纯粹实践理性。

马克思亦曾指出：“自由就是从事一切对别人没有害处的权利。每个人所能进行的对别人没有害处的活动的界限是由法律规定的，正像地界是由界标确定的一样。”[②]

2. 伴随感性的意志也是正当的

伴随感性的意志中包含了理性、愿望和纯感性欲望。如果行动是符合道德律的普遍法则而发生的，但却借助于感性，不论情感为何，这种行动包含合法性，但不包含道德性，[③] 也是正当的。纯感性的欲望虽然完全没有理性，但仍然有目标。经常欲望和他人的意志、愿望和欲望是不能并存的，但也会有极少数情况下，欲望和纯粹实践理性意志具有了外在的一致性。只是基于情感的非理性，而不具有内在的一致性，使情感不被接受。例如，以意外之财的喜悦，取得了与他人没有关系的无主物。此时纯粹意志与感性的欲望从外在上看是相同的，虽然感性的欲望没有纯粹意志那种选择的能力，但这里对方意志不存在，或说对方的意志就是允许任何人取得，那么，即便以盗窃的心态也是有意志的，取得此物与他人意志也可以共存。如果说，此时对方意志不存在，不能认为达到了“共存”，那么就没有共存可言。因为，纯粹意志之间的共存依然是相互存在于互不影响。

原因是事实上感性行为与意志行为具有外在的一致性，他人将感性行为以意志行为对待。例如，甲在公共汽车上看到乙酷似其某

① 同前注［德］康德：《法的形而上学原理——权利的科学》，第50页。

② 《马克思恩格斯全集》（第1卷），人民出版社，1957年版，第438页。

③ ［德］康德：《实践理性批判》，邓晓芒译，人民出版社，2003年版，第98页。

个亲人，于是起身让座。乙自知年老而接受。法律服务于道德，但不是执行它的命令，而是保障每个个体意志中存在的力量的自由发展。[①] 权利并非是在于个人，而是在于社会，对于社会而言，符合纯粹实践理性的就是正当的。

许多我们认为是感性的行为中，都包含了很多种理性，法律有时难以将其复杂性陈献出来，因此，自愿原则外要求公平对待，甚至当某部分实践理性原则比较突出或集中时，会以立法的方式规范出来。

3. 实证法上正当性的常态伴随感性的意志

“当先天的知识未杂有经验的事物在内，则名为纯粹”。[②] 纯粹理性是先验的，实证法则不同，它以后天的经验为基础。因此，实证法上纯粹实践理性意志并不能独立存在，伴随感性的意志是常态。因此，自由常依赖意思的一致性。只要是自愿的，出自自己的真实意愿的，不与他人冲突就是自由的。自由基于自愿基础比理性基础更有说服力。而自由基于自愿，归根到底是基于人的意志，人与人之间的协调能力。意思自治原则承认人的自我认识、自我判断和自我选择。在意思自治原则之下，每个人被认为是自己利益的最佳判断者，能基于自己的认识来创设权利、义务，发展生活关系，只有自己才能最清楚自己的欲求，最了解自己的所需所要。[③] 因此，人追求自由，追求权利自由，归根结底是人与人之间协调的结果。因

① 参见［德］萨维尼：《当代罗马法体系Ⅰ》，朱虎译，中国法制出版社，2010年版，第257、258页。

② 参见［德］康德：《纯粹理性批判》，蓝公武译，商务印书馆，1960年版，第30页。

③ 参见吕岩峰：《私法自治与国际私法——兼论国际私法的性质与范围》，载《法制与社会发展》，2000年第1期。

此，与其说正义来自自由，不如说正义来自自愿。只要这种自愿是持久的，稳定的，像是经过了意志的磨练一样。

因此，实证法所体现的正当性，主要来源于伴随感性的意志。当意思不相冲突时，则是正当的。实证法给出具体规范衡量是否具有意志，即被视为正当的条件，通过判断是否符合条件来推断它是否是正当的，而这些条件也在不断地基于人们的经验情况发展和更正。

以下结合取得时效制度，将取得时效中的意志予以分析。

二、取得时效制度中的意志

1. “所有”

按照取得时效的一般要求，取得时效必须具备以自己所有的意思对他人所有物的占有。因此，取得时效中的意志就是与他人所有不冲突的自己所有。

该所有的意思立法上也有不同规定。《日本民法典》第 162 条规定所有权的取得时效，须具备“以所有的意思”的主观要件；第 163 条规定其他财产权的取得时效，须具备“以为自己的意思”的主观要件。史尚宽先生认为，因时效取得其他财产权，须由以该财产权人而行使的意思。① 原因在于，对所有权的时效取得以“所有的意思”固然毫无疑问，但对其他财产权的取得时效则并非是“所有的意思”。“为自己的意思”失之与过宽，界定得过于含混、“以该财产权人而行使的意思”相对而言要明确规范一些。

---

① 史尚宽：《物权法论》，中国政法大学出版社，2000 年版，第 85 页。

在逆权管有土地权益时，J. A. Pye（Oxford）Ltd v Graham 案中布朗韦基逊勋爵（Lord Browne – Wilkinson）解释，管有所需的行为须具有为自己的利益而作出此等保管和控制的意图（“管有意图”）。所需的意图不是拥有甚或是取得拥有权的意图，而是管有的意图。这里对管有意图的解释更接近“为自己的意思”，易与承租人为实际使用的利益而控制土地的情形混淆。英国上议院最高上诉法庭甚至认为“他们愿意为占用该土地而支付费用的事实无关重要”，更加易于与租赁情形难以区分而显得不合逻辑。笔者认为，只有在支付的费用与合理租金比较显然少，才存在与租赁情况下“为自己的意思”不同的“以该财产权人而行使的意思”情形下的“为自己的意思”。这种解释的优点在于，它包含了占有者并无清晰的权利观念之下，但具有明确的利益观念时的情形，这时的利益依然应依据取得时效制度予以维持，原因在于这种利益在管控人同样不容侵犯，仅仅缺少概念形式而已。但如果仅仅是对利益的依赖，而没有不容侵犯之意，则只有生理或物理上的感性，而无意志可言，与对他人财产的喜爱没有差别，这显然是难以取得正当性的。因此笔者认为，在“以该财产权人而行使的意思”中“权利”基础上增加“利益”成分，表述为“以该财产权益人而行使的意思”更妥当。

鉴于取得时效法律关系是以所有权为主要客体的，为简化逻辑，本研究在非特指取得他物权时仍使用“所有”的表述方式。

2. “善意”

通常所称“善意”即主观诚信。[①] 徐国栋教授认为我国民法中，

---

① 徐国栋：《诚实信用原则二题》，载《法学研究》2002 年第 4 期。

主观诚信以“善意”的术语表达之，在以占有制度或物权关系为参照系对它下定义时，将其定义为“一种毋害他人的内心意识”。[①] 曾世雄教授则主张以“不知”取代“善意”。[②] 法国学者格斯将其界定为“确信”。[③] 其意为主观上对客观真实或不真实的事物信以为真。王泽鉴认为，取得时效中，所谓善意，系指信其为所有人而占有；善意应无过失，所谓过失，系指就善意占有虽加以相当注意，仍不知其无所有权而言。[④] 这里所谓“信”即是主观上的相信。笔者认为，几种观点并无实质区分，王泽鉴教授的表述最为全面。

“善意”源自诚信，罗马法史上最早的诚信都是客观的[⑤]，到了古典时期，诚信才分叉为主观诚信和客观诚信两种。[⑥] 客观诚信要求人们正当地行为，主观诚信要求人们具有尊重他人权利的意识。[⑦] 两种诚信曾经是统一的，后来由于某种原因、通过某些环节分裂了。[⑧] 在德国法中，Treu und Glaube 的术语只表示客观诚信，主观

---

① 徐国栋：《客观诚信与主观诚信的对立统一问题》，载《中国社会科学》，2001年第6期。

② 曾世雄：《民法总则之现在与未来》，中国政法大学出版社，2001年版，第228页。

③ 参见徐国栋：《主观诚信概念在中国民法理论中的地位——答王立争先生《“主观诚信说”若干观点质疑》一文》，载《政治与法律》，2011年第5期。

④ 王泽鉴：《王泽鉴法学全集》（第七卷），中国政法大学出版社，2003年版，第280页。

⑤ 徐国栋教授认为，主观诚信是在取得时效制度中发展起来的。参见徐国栋：《诚实信用原则二题》，载《法学研究》2002年第4期。

⑥ 参见徐国栋：《客观诚信与主观诚信的对立统一问题》，载《中国社会科学》，2001年第6期。

⑦ 参见徐国栋：《客观诚信与主观诚信的对立统一问题》，载《中国社会科学》2001年第6期。

⑧ 参见徐国栋：《诚实信用原则二题》，载《法学研究》2002年第4期。

诚信用 guter Glaube 表示。中国从清末开始继受德国民法，从 1911 年的《大清民律草案》[①] 到 1929 - 1931 年的《中华民国民法典》，都把 Treu und Glaube 翻译为诚信，把 guter Glaube 翻译为善意，前者适用于债法等领域，后者适用于物权法等领域。[②]

如果说非诚信即恶信，诚信和恶信都有主观和客观两种认识层面，则形成了两个层面的四个部分，主观诚信和主观恶信构成全部主观、客观诚信和客观恶信构成全部客观。我们在主观层面，用善意对应主观诚信，用恶意对应主观恶信，“善意”是在主观层面上与“恶意”反意的概念。依照徐国栋教授对诚信的研究，诚信的反义词是恶信，通常人们把它理解为“知情”。[③] 但与主观诚信和客观诚信的对立相适应，恶信也有与客观恶信的对立。因此，更准确地说“知情”只是“主观恶信”。那么，客观恶信是客观上不正当地行为，主观恶信是恶意，明知某事有害他人而仍为之，构成故意。只是故意这种主观的恶信，偶然又有可能是客观上的诚信；客观恶信，也有碰巧是主观诚信的行为。而故意和过失的状态，即过错的概念。但秘鲁学者德拉普恩德认为，在主观诚信领域，可能发生这样的中间地带，其间，一个不以故意过失行事的人，可能就其权利的有效性发生疑问，但又未达到认为它不存在的程度。此时该人即非诚信，因为他并不确信自己享有权利，但他亦非恶信，因为他也不知道自己不享有权利。[④] 不过，这种状态对于时效占有人而言是

---

① 其第一章“法例”第 2 条规定：“行使权利履行义务，依诚实及信用方法。”

② 参见徐国栋：《主观诚信概念在中国民法理论中的地位——答王立争先生《“主观诚信说”若干观点质疑》一文》，载《政治与法律》，2011 年第 5 期。

③ 徐国栋：《诚实信用原则二题》，载《法学研究》2002 年第 4 期。

④ V ase Manual Dela Puente y Lavalle，op. cit. ，p. 41. 转引自徐国栋：《诚实信用原则二题》，载《法学研究》，2002 年第 4 期。

宁信其有的，因此仍应是主观诚信。

如前所述，诚信开始是客观诚信，客观诚信是正当的行为方式，主观诚信是法律上创造的概念。从认识论上分析这种创造的过程，能看到其是对正当的认识不断深化。客观诚信所指向的客观正当，堪比纯粹理性，实际上也并不存在。人们认识到的客观诚信，不过是相对的客观。与相对客观的诚信比较，主观观念上的诚信虽然并非客观诚信或者并不保证是客观诚信，但在社会交往中已经足以应当被肯定为客观诚信。从辩证的观点上看，主观诚信非常接近客观诚信才有主张主观诚信的必要。当人们不能充分有效地依靠客观诚信的外在标准来确认客观诚信时，只能有条件地吸纳主观诚信，以补充客观诚信。笔者认为，这就是徐国栋教授所讲的主客观诚信的对立统一。[①] 基于其内在统一性和主观诚信法律概念的必要性，是否表述为“善意”在内涵明确的基础上是概念体系问题。本文无意探讨“善意”在民法立法中是否应被“诚信”概念统一的问题，但笔者同样坚持因为客观诚信与主观征信是对立统一的观点，或许能以其内在的统一在一定程度上来补偿其用语上的分裂。在此，基于研究和表述习惯，仍沿用“善意”称谓。

根据徐国栋教授的系列研究，主观诚信经历了一个逐渐规范地发展过程。公元22年左右的小内尔瓦和3世纪的莫特斯丁都贡献了《论取得时效》的专著，大大推动了主观诚信的研究。由此，将过去的对占有人的“毋害他人”的要求，内推为一种“不对合法占有

① 徐国栋：《客观诚信与主观诚信的对立统一问题》，载《中国社会科学》2001年第6期；“善意”与“（有限地）客观诚信”共同构建着诚信。徐国栋教授主张弃“善意”而完善“诚信”概念。参见徐国栋：《客观诚信与主观诚信的对立统一问题》，载《中国社会科学》，2001年第6期。

者造成实际损害的意识”，此时它是一个道德评价的概念。[①] 善意之占有，积极的谓为占有人信自己为权利人。然亦有消极的谓为不属于自己之不知。抱有怀疑者，无保护之必要，以积极说为当。[②] 随着主观诚信概念的发展，这种意识转化为“不知对他人之损害”淡化了其道德评价，将道德因素驱赶到被占有物的属性上。但根据法学家们的设定，知与不知并非一对完全个别化的、自然的概念，而是具有社会性标准的有些人为的概念。不应允许某人因不知一个全城人都知道的事实而获利，尽管从他个人的角度而言，他确实不知，但他的这种状态要归因于他的粗枝大叶，他应为此承担责任。[③] 主观的“知”的问题又在一定程度上被外在化了。这样更保障了善意所蕴含的理性，因而更具有正当性。“所有”意思所应具有的善意内涵相应也丰富起来。

此外，笔者仍需强调：明知权利人的意志，就是不仅知道明确的权利人、客观上现在存在的权利人，而且知道其权利意志明确存在。而善意的不知，虽然可能不知明确的权利人，但重点不是不知明确的权利人，而是不知其权利意志仍然存在（即便知道明确的权利人）。

（1）善意在取得时效制度中的正当性价值

取得时效中意志的正当性与财产权益人的意志的正当性相同，都需要遵守普遍法则。只有当占有人对占有物的意思与（已经不再

① 参见彭梵得《罗马法教科书》，黄风译，中国政法大学出版社，1992 年版，第 219 页；转引自徐国栋：《客观诚信与主观诚信的对立统一问题》，载《中国社会科学》2001 年第 6 期。

② 参见史尚宽：《物权法论》，中国政法大学出版社，2000 年版，第 76 页。

③ D. 22，6，9，2 转引自徐国栋：《客观诚信与主观诚信的对立统一问题》，载《中国社会科学》2001 年第 6 期。

拥有相关意志的）财产权益人的意思不冲突的时候，取得时效中的意思才能称为意志，才具有了正当性。明知确定的他人财产权益意志，则不可能成立以自己为财产权益人的意志。

善意是必要的，即使没有明确善意的要件，和平、公开、时间等要件也在一定程度上发挥着善意要件的功能，以表明法治社会环境中占有人对这项权利的意思，以及没有人反对这一意思，占有人极可能具有与他人权利无涉的意志。但是，没有善意的要件，其他要件仍不足以表明占有人的善意，因为和平、公开的一段时间并不能完全代表权利人了解了占有人的意思，仍然需要通过占有人对权利人意思的了解，来推断占有人是否具有与他人权利无涉的意志。

善意在占有人意志中是首要的。虽然并非善意不是纯粹实践理性的，但是善意是最接近纯粹实践理性的可能方式。善意要件不排除两种情形：第一，权利人权利意志尚存，而占有人善意地认为权利人意志不存在；第二，权利人权利意志不存在，占有人认为权利人权利意志不存在。但是，善意要件能排除绝大多数的所有权人意志存在时占有人亦欲所有的情况，这是最主要的。

（2）“和平、公开”是“善意”的客观要求

占有的公示功能，使以所有的意思占有的“和平、公开”，将所有的意思公示，而且客观上产生权利人以及其他人未表达否定意见且无其他否定性意志行为，从而“和平、公开”使占有人所有具有了客观诚信的性质。但是，这一客观诚信，因其占有期间的有限性，只能反映权利的相对客观性，并不能依此完全确认其权利。基于对“和平、公开”状态的出现所反映的占有人的主观心理的推断，它虽然也是占有人的善意，但也可能主观上恶意被隐藏，因此只能作为“善意”的基本要求。

和平占有，指非以暴力或胁迫的手段取得或维持的占有。暴力和胁迫手段取得和维持的占有，显然违背明知确定的他人占有利益意志，此时的占有人如果是有权占有也违背明知确定的他人财产权意志。这种“暴力或胁迫”的性质与善意完全不兼容，原因在于和平的方式是对和平秩序的维护，是基本需要。“暴力或胁迫”不仅不属于善意，而且即使不需要善意条件时都必须以和平方式占有。和平占有是各国或地区立法公认的取得时效的事实要件之一，这一要件限制了不法行为人以强力占有而取得财产权益。

公然占有是指不带隐秘瑕疵的占有，即对标的物的占有事实向社会公开，不加隐瞒。隐瞒地占有，显然是因为违背明知确定的他人利益，即使此时的占有人如果是有权占有也违背明知确定的他人财产权意志。占有的公开才能进入共同秩序，因此它是对共同秩序的维护，是基本需要。不仅不属于善意，即使不需要善意条件时都必须以公开方式占有。公然占有已成为现今各国时效取得的一项通则。

公然占有所针对的对象，并不刻意要求对所有的人公开，但需对占有物的利害关系人为公然占有即可。有些财物，并非刻意隐瞒，但未主动暴露于公开场合，客观未能对利害关系人公开，不能说明与利害关系人不冲突，也不能认为公然占有。至于如何认定是公然还是隐瞒，则应依社会的一般观念予以判断，如占有人将恶意取得的冬装，冬天穿着，夏天则藏进衣柜，此种情形应构成公然占有；又如名画公开展出或在新闻媒体进行报道构成公然占有，因为权利人如果关心该画则应该通过发达的传媒知悉这些消息，不过该画若隐匿于家中则不是公然占有。王泽鉴则举例，挂画于客厅为公然占有，藏于密室，则为非公然占有。[①] 一般观念判定的弹性虽然很大，但实际是不外乎一般观念上利害关系人了解的可能。

（3）善意的主观性

自主占有概念与真实的权利关系并无联系，其占有是否有权利以及何种权利均在所不问，因此不能说，只有所有权人为自主占有人。[②] 这种主观性，不受客观事实的影响。更进一步地，它不仅不受与其权益意志相反的权益外观事实影响，如登记为他人所有，而且不受权益事实本身影响，如物客观为他人所有。

英美法在逆权管有制度中使用了“逆权”和“敌对”等词汇，尤其是“敌对”是“恶意”的含义吗？这里的“逆权”和“敌对”仅是对权益外观事实的描述。在Pye案中，霍普勋爵（Lord Hope of Craighead）对“逆权”这个词解释如下：

“明白《1980年时效法令》（Limitation Act 1980）第15条使用‘逆权’这个词想表达甚么意思，对现在和将来都显然有一定重要性。乍看之下，人们可以认为‘逆权’这个词是描述擅自占地者须证明的有关管有的性质。这个词显示管有必须涉及一些侵犯行为、敌对意图或诡计手段。然而，在研究相关的背景后，便可清楚了解这个词的意思并非如此。这个词不过是用作为方便的标签，目的只为了确认擅自占地者对土地的管有是与纸上拥有人或（如属注册土地）注册拥有人的权益相逆这个事实。相关的背景是一直管有土地但被剥夺管有权或中止管有的人，提出收回土地的诉讼：《1980年法令》附表1第8段。一旦该人的土地是由时效期的计算对其有利

① 王泽鉴：《民法物权》，增订二版，三民书局台大法学院福利社，2010年版，第169页。

② 参见《德国物权法》，第146页。

的其他人所管有，该人的诉讼权即当作产生。就此意义和目的而言，上述其他人的管有是与该人的管有相逆的。但是，上述其他人事实上是否管有该土地却是另一个问题，并无法从‘逆权’这个词得知。”①

在该案中，布朗韦基逊勋爵（Lord Browne – Wilkinson）也对有关概念予以澄清：

“案例有时说拥有人必须被擅自占地者驱逐，才属于被剥夺管有权：例子可见 Rains v Buxton（1880）14 Ch D 537，费赖法官（Fry J）在第 539 页的判词。‘驱逐’（ouster）这个词源自逆权管有的旧有法律，带有以对抗方式在知情下把真正拥有人逐出使他失去管有的含意。这样的处理方式是完全不正确的。在任何情况下，如纸上拥有人并无中止对土地的管有，只要擅自占地者按照管有这个词的普通涵义管有该土地，纸上拥有人即会‘被剥夺管有权’。”②

可见，逆权并非恶意，也不必侵犯，“逆权”至多是在表达逆权管有后具有了的对抗原权利人的强烈的规范效力。但实际上，在时效期间，时效占有人主观上认为，真正的权利意志不存在了。

善意并不等于纯粹意志，善意性涉及的是时效取得人臆想的所有权。③ 但是，正如前文所论，对占有人意志的要求，需要通过取得时效整体制度来完成，甚至整体制度也仅能使占有人意思接近纯粹意志。

恶意情况下是否应适用取得时效？对于并不要求善意的立法例，

---

① *JA Pye（Oxford）Holdings Ltd v Graham*［2000］Ch 676，第 69 段。

② 同注 384，第 38 段。

③ 参见［德］鲍尔·施蒂尔纳着，《德国物权法》（下册），申卫星、王洪亮译，法律出版社，2006 年版，第 523 页。

有学者这样解释：首先，对于整个社会来说，效益总量并没有减少；其次，恶意占有已成事实的情况下，如果对所有权的取得予以绝对否定，会影响恶意占有人对物的爱护、改良和利用。[①] 笔者反对这样的观点。秩序要求不侵犯他人财物，其价值远大于对物有效利用的效率和效益价值，尤其是现代文明秩序形成之后。这一观点既是混淆了善意的主观性和客观性，将客观上占有他人之财物的表意为主观上侵犯他人之财物，实际上用的是颠倒了的价值顺序。

（4）登记等公信形式的影响

登记制度的公信力在于，即使登记权利与实质权利不符，对于信赖此项公示所表示的物权，而进行物权交易的人，法律仍然承认其具有与真实物权存在的相同法律效果。登记公信力是一种制度性构造的真实性，使其权利外观的意思表示更加具有确定性。在登记制度下，虽然可能不知道登记权利人意志是否明确存在，但是需要推断其为明确存在，一般不认定为不知。

基于此，有学者认为，不动产一经登记即等于公示了所有权的存在，占有他人的已经登记的不动产，自然不能说具有“相信自己是以合法所有的意思占有”的善意，自不应适用以善意为构成要件的取得时效。[②] 这样的论断在多数情况下确实如此，让善意的相对人清楚地认识这项登记为他人的财产不属于自己是登记作为所有权外观的主要功能，这当然非常重要，但笔者认为其对善意的理解不全面。其只认识到善意这种主观诚信具有诚信客观性的一面，却盲

① 参见董学立、孙贞：《时效取得制度中的善意与恶意》，载《山东警察学院学报》，2003 年第 3 期。

② 参见甘功仁、白彦、丁亮华：《取得时效制度的适用性研究》，载《现代法学》2002 年第 4 期。

视了其主观性，即其“以合法所有的意思占有”是自己“相信”。如上所述，善意不受与其权益意志相反的权益外观事实影响，登记即是典型的与时效占有人权益意志相反的权益外观事实。而且这种善意在一些特定情形下极具合理性。笔者赞同这一观点，登记公信力使登记权利意思表示信息更权威，更清晰，而且借助公信制度，最终放大了意思的可信性。但并不是说可信就一定真实，与登记权利不一致的真实权利仍具有纯粹意志，制度应予确认。香港2014年发布的关于逆权管有的《报告书》中指出，因“注册记录以外”的交易使得注册记录册的数据并不完备，所以完全有理由让占用土地的人注册为拥有人。报告书列举了可能发生的例子包括：

1）农夫与邻居根据一项君子协定交换土地，但未有为易地一事注册；以及

2）注册拥有人去世，物业交由女儿处理，但未有采取行动为业权注册。①

基于这类事实的存在，英美法传统上存在“禁止反言”（proprietary estoppel）的原则，注册拥有人反对擅自占地者的申请是不合情理的。申请人须证明：

1）注册拥有人曾以某种方式鼓励或任由申请人相信自己拥有有关土地；

2）由于相信情况如此，申请人作出了对自己有损的行为，而注册拥有人对此事是知情的；以及

3）注册拥有人剥夺申请人所具有的权利会是不合情理的。②

诚然，英美法注册制度与大陆法登记制度存在诸多不同，然而

① 关于逆权管有的《报告书》，2014年，第121页。
② 关于逆权管有的《报告书》，2014年，第121页。

就客观存在的这种“善意”情形却是共同的，只是规范方式上存在差异而已。

应当说，登记制度只能是表达以所有权为中心的相关权利意志的工具，登记公信主义本质上是一种法政策的选择。这并非法律的工具主义，法律的工具主义是对整个法律体系所进行的评价，本质是对法律的正当性进行的否定。笔者不反对法律整体的正当性，也不赞同法律的工具主义。但是笔者仍然认为法律体系中的部分制度并不能实现正当性，并具有着明显的工具性。登记所表达的意思与真实意志的不同，前者是表现后者是本体，因此差异是客观存在的，与登记权利冲突的善意并非不可能。从实证的角度看，我国司法实务中多见一房二卖甚至一房数卖纠纷，[①] 这也证明不动产买卖之后未及时转移产权登记的情形较为常见，占有人与登记权利人不符但以所有人的意思善意占有的情形大量存在。

不仅登记属于与占有人权利意思相反的权利外观，占有也是一种公信的权利外观。租赁、英美法系中的据用、容忍等情形下，形式上的实际控制也是属于这种外观。凡此种种，都可能善意认为地拥有该财产权利。

3. 不排除感性

取得时效的意志是伴随感性的意志，因此时效占有人的意志之外不必排除感性。

在不侵犯他人利益的条件下，占有人对物的占有可能有多种感

① 一些高等法院甚至出台审判指导意见，如《北京市高级人民法院关于审理房屋买卖合同纠纷案件适用法律若干问题的指导意见（试行）》，以明确这种情况下应向谁实际履行房屋买卖合同。《最高人民法院公报》2015 年第 10 期刊载了《连成贤诉臧树林排除妨害纠纷案》，要求：“作为买受方已取得房屋产权而未实际占有的情况下，其仅仅基于物权请求权要求有权占有人迁出，法院应作慎重审查。”

性目的，这些感性必然影响其对相关权益的认识，但只需要达到排除他人占有的程度即可。这种排除他人占有的限度，能够持续维持占有过程中的“所有”意思，维持对物的支配状态。即使对占有物并未认识清楚，也不意味着没有“所有”的意思和实际的控制。

有学者认为，占有的意思不是法律行为上的意思，而是一种自然的意思，因此取得某物的占有或维持其占有不须以具有行为能力为必要，只要对物有进行支配的自然能力就足够了①。这意味着无民事行为能力人或限制民事行为能力人只要事实上对物有进行支配的能力，也可成立占有，成为占有人。笔者同样认为占有的意思不是法律行为上的意思，但认为一般情况下仍需要完全的民事行为能力。在笔者看来，取得时效的意志是伴随感性的意志，对意志的要求并没有降低，只是允许占有人的感性存在。为达到这一效果，也即为防止对既有权益的侵犯，法律设定了严格条件，例如实际控制、公开、和平、一定长度的期间。从另一角度解释，取得时效对占有人而言是纯取得利益的制度，似乎不需要对不利后果的考虑，不需要完全的民事行为能力，但是仍然需要他不侵犯他人利益。

4. 有限的客观诚信

（1）占有的“公开、和平”.

公开地占有，实质在于使权利人知道他人违背其意志而占有，表示反对的可能。公开占有是指不带隐秘瑕疵地占有，即对标的物的占有事实向社会公开，不加隐瞒。隐瞒地占有，显然是因为违背明知确定的他人权利意志。公开占有所针对的物件，并不刻意要求

① 参见王泽鉴：《民法物权》，三民书局台大法学院福利社，2010 年版，第 533 页；王泽鉴：《王泽鉴法学全集》（第七卷），中国政法大学出版社，2003 年版，第 282 页。

对所有的人公开，但需对占有物的利害关系人为公然占有即可。有些财物，并非刻意隐瞒，但未主动暴露于公开场合，客观未能对利害关系人公开，不能说明与利害关系人不冲突，也不能认为公然占有。至于如何认定是公然还是隐瞒，则应依社会的一般观念予以判断，如占有人将恶意取得的冬装，冬天穿着，夏天则藏进衣柜，此种情形应构成公然占有；又如名画公开展出或在新闻媒体进行报道构成公然占有，因为权利人如果关心该画则应该通过发达的传媒知悉这些消息，不过该画若隐匿于家中则不是公然占有。王泽鉴则举例，挂画于客厅为公然占有，藏于密室，则为非公然占有。[①] 一般观念判定的弹性虽然很大，但实际是不外乎一般观念上利害关系人了解的可能。

和平的非暴力，其实质在于使权利人有自由表示反对的可能。占有，指非以暴力或胁迫的手段取得或维持的占有。暴力和胁迫手段取得和维持的占有，不但明知权利意志，而且使权利人不能表示反对，显然违背他人权利意志。

（2）长期地占有

持续地占有时间，不是一时的，也不是相对短时间的——时效占有人的积极行为使占有人意志上占有的主客体之间意志的紧密和稳定的结合。时间使得占有人的意志以最强附着的方式“根置”在相关的客体物上。[②]

占有的公示功能，使以所有的意思占有的“和平、公开”，将

① 王泽鉴：《民法物权》，三民书局台大法学院福利社，2010年6月，增订二版，第169页。

② See Oliver Wendell Holmes，The Path of the Law，10 HARV. L. REV. 457，476－477（1897）.

所有的意思公示，而且客观上产生权利人以及其他人未表达否定意见且无其他冲突意志，从而“和平、公开”使所有具有了客观诚信的性质。但是，这一客观诚信，因其占有期间的有限性，只能反映权利的相对性，笔者认为仍不足以依此确认其权利。

5. 实际控制

实际控制即客观占有或者事实上的管领力。这是指对于物可为支配，排除他人的干涉。所有权的实际控制是对物的实际控制，其他形式的财产权所对应的实际控制都在一定财产范围内。

依据大陆法系对实际控制的解释，史尚宽先生所言占有或准占有是否还须以“占有意思”为要件，也有争议。学说上有主观说、客观说与纯粹客观说三种见解。主观说认为占有的成立须兼具事实上之管领力与占有的意思，至于此项占有意思究竟是何种意思，有学者主张须为所有人的意思；还有主张须为支配的意思；亦有主张须为自己的意思而占有。客观说认为占有系对于物的事实管领力，不须有特别的意思，仅须有管领的意思即可，但管领的意思是管领事实的组成部分，不是独立的构成要素。纯粹客观说认为，占有纯粹为客观上对于物为事实上的管领，不以占有意思为必要。立法例上，1804 年的法国民法采所有人意思说。1896 年的日本民法明确规定采自己意思说。德国民法采纯粹客观说，认为只要对物有事实上的管领力就取得对物的占有。台湾学者继受德国民法的思想，也主张纯粹客观说，认为不以占有意思为必要，但此种观念未被普遍接受。通说认为，占有的成立除事实上有管领力外，还须有占有的意思。其实德国民法第一草案原来规定占有的成立须以占有的意思为要件，只是后来担心把该意思误认为是占有人知道其对物有事实上的管领力，因此删除了对占有意思的规定。而且只有占有而没有占用的意思是不可想象的，因为取得某物的占有，同时也就具有了占有的意思，如窃取他人财物。对“占有的意思”还需注意两个问题：首先取得占有后，维持占有也须有占有的意思。因为占有的意思体现了对物的支配状态。而且这种占有意思不必针对个别特定之物，仅具有一般占有的意思就足够了；其次，占有的意思不是法律行为上的意思，而是一种自然的意思，因此取得某物的占有或维持其占有不须以具有行为能力为必要，只要对物有进行支配的自然能力就足够了。这意味着无民事行为能力人或限制民事行为能力人只要事实上对物有进行支配的能力，也可成立占有，成为占有人。还应注意的是，该占有的意思具体是怎样的一种意思呢？立法上也有不同规定。《日本民法典》第 162 条规定所有权的取得时效，须具备“以所有的意思”的主观要件；第 163 条规定其他财产权的取得时效，须具备“以为自己的意思”的主观要件。史尚宽先生认为，因时效取得其他财产权，须由以该财产权人而行使的意思。对所有权的时效取得以“所有的意思”固然毫无疑问，但对其他财产权的取得时效以怎样的意思才算合适？学者之间也多有争论。“为自己的意思”失之与过宽，界定得过于含混、“以该财产权人而行使的意思”相对而言要明确规范一些，因此我们认为将取得的其他财产权的意思限定为“以该财产权人而行使的意思”是比较妥当的。

一般地，对物是否有事实上的控制，可依照社会观念，并从可以认识的空间和时间关系，结合个案加以认定。空间关系，是指人和物在场合上须有一定的结合关系，足可以认为该物为某人事实上所管领，如建筑商将建筑材料堆放在工地上。时间关系是指人与物在时间上具有相当的继续性，足可以认为该物为某人事实上所管领。如果只是暂时性的，则不成立占有。如在酒店使用酒杯餐具。台湾最高法院的判例也对占有的认定作了说明：占有仅占有人对于物有事实上的管领力为已足，不以其物放置于一定处所，或标示为何人所有为生效要件。若对于物无事实上管领力者，纵令放置于一定处所并标识为何人占有，亦不能认其有占有之事实。

登记并不能作为实际控制。美国立法以逆权管有解决边界纠纷，并不要求登记的存在。法庭认为，没有发生权属转移，而只是对边界进行了重新的定义或者解释。[①] 在这种情况下，登记所能表达的意志并不清晰，而真正的权利人的意志是实际控制人的意志。可见，对物而言，任何权利意志都存在终绝的可能。登记外观毕竟是工具性的外在于人的意志的，当物的原权利意志终绝后，实际控制人的权利意志最紧密最正当最可能产生秩序的意志。

但非登记权利人的实际控制必须是确凿的。英美法中，不同财产权益的实际控制显示管有权的行为类别，因应有关土地的种类而有所不同。[②] 把土地圈围起来是“逆权管有在可能的范围内最强而有力的证据”，[③] 但未必是决定性的。[④] 由于独有控制是确立逆权管有的必要因素，而且纸上拥有人被推定为仍在继续管有土地，因此微不足道的行为是不足够的。[⑤] 对批租产权的逆权管有可以借把土地圈围起来而形成管有，对批租土地上的完全业权显然就不够。

---

① 参见［美］约翰·E. 克里贝特、科温，W. 约翰逊、罗杰·W. 芬德利、欧内斯特·E. 史密斯：《财产法：案例与材料》，齐东祥、陈刚译，中国政法大学出版社，2003 年版，第 1152 页。

② *Wuta – Ofei v Danquah*［1961］1 WLR 1238，格斯特勋爵（Lord Guest）在第 1243 页的判词。

③ *Seddon v Smith*（1877）35 LT 168，第 169 页。

④ *George Wimpey & Co Ltd v Sohn*［1967］Ch 487.

⑤ *Boosey v Davis*（1987）55 P & CR 83.

实际控制不一定是客观可见的强力控制。擅自占地者自己无须实质管有土地；擅自占地者只要批出租约或特许，由他的租客或特许持有人代为管有土地，就已足够。[①] J. A. Pye（Oxford）Ltd v Graham 案中，上议院裁定，只要格氏一直对该土地进行所需的管有，他们愿意为占用该土地而支付费用的事实无关重要。但是，香港的法律与 Pye 案的原则存在分歧。香港终审法院在 Wong Tak Yue v Kung Kwok Wai David 一案中，[②] 解释了何谓所需的管有意图。是否具有管有意图是事实问题，能否确立管有意图取决于对个别案件所有情况的评估。终审法院进一步解释，占用人若就其意图作出自圆其说的陈述，法庭应以怀疑态度视之，认真审视各种情况后才给予其所值的比重；相反，占用人若作出不利于自己权益的陈述，则法庭通常会给予这些陈述颇大的比重。这就是依据实际控制等事实来推断占用人的意志，笔者认为，Pye 案支付费用的事实至少需要衡量费用是否达到占用或是否相当于租金的程度。如果被认为相当，则不应当判断为管有意图。从形式上说，如果可以忽略，支付费用也可以表示为受赠者的感谢，但是无论费用多少，事实上都可以认定为原权益人认可租金。如上文所述，这不仅是对实际控制的考察，也是对“所有”意思的考察，还是对善意的考察和判断。笔者认为，对“所有”意思的考察在是否存在争议相对方时有所区别，如果存在争议相对方，则不仅应具有为自己权益的意思，还应具有对相对方的排斥。这些考察和判断常受法律政策的支配。

实际控制是有效的实际控制。如占有人已证明他事实上管有土地，真正拥有人如只是要求擅自占地者离开，并不会终止擅自占地

---

① *Wong Kar Sue & Ors v Sun Hung Kai Properties Ltd & Anor*［2006］2 HKC 600.

② （1997 - 98）1 HKCFAR 55.

者的管有权。[①] 实际控制并不间断，时效期会继续以对拥有人不利的方式计算，直至擅自占地者腾出土地或承认拥有人的业权或管有令状发出为止。[②] 反过来如果实际控制被擅自侵占也不能马上中断其实际控制，只要占地者腾出土地或承认原占地人的业权或管有令状发出，原逆权管有者的实际控制并不间断，时效期也会继续以对其有利的方式计算。

如果未实际控制，主张权利一定是与实际控制人的意志相抵触的。因此，不与其他权利人权利相抵触，除所有权人以外，还包括所有具有控制能力的人的权利，比如抵押权人的权利。

实际控制是取得时效的前提和要件。实际控制也是所有意志的一个外在化的要素。实际控制是客观秩序。占有人的实际控制与意志是秩序的统一体，与实际控制分离意志则成为臆想，实际控制也失去方向，从而也不具有实质的秩序；从实际控制对意志的价值看，没有实际控制，所有意志就不具有取得的意义，因此，实际控制能够支持所有意志。不仅如此，实际控制也是善意的必要条件，因为只有存在所有意志，才可能进一步证明“善意”。

6. 使用

周楠先生认为这一时期的取得时效要件要求占有人使用占有物，仅占有而不使用不能满足取得时效要件。[③] 周楠先生认为，取得时效的拉丁文为 usucapio，按拉丁文，usus 就是使用的意思，capere

---

① C Harpum（主编），*Megarry & Wade*：*The Law of Real Property*（Sweet & Maxwell，2012 年第 8 版），第 35 段。

② *Mount Carmel Investments Ltd v Peter Thurlow Ltd*［1988］1 WLR 1078，另见 *Ramnarace v Lutchman*［2001］1 WLR 1651，第 1653、1657 页。

③ 周枏：《罗马法原理》，商务印书馆 1994 年版，第 349 页。

则为取得，二者合起来就是因使用而取得之意。① 而在彼得罗·彭梵得的《罗马法教科书》中，usus 只是表示占有（possessio），usucapio 的含义只是通过占有实现取得。② 占有和使用的争论，从另一个角度展现了这样的一致性：取得权利的前提是对物的所有的意志。在古罗马，占有体现所有权意志，使用也体现所有权意志。笔者认为，占有和使用都体现意志古今中外别无二致，使用比占有紧密性更甚，因此意志应更明确，但是否必须使用则是法律政策的问题。当前一个显然的例证就是，开发商囤地不开发，却不能否认其对土地权利的意志。③

事实上取得时效制度就是在围绕相关人的意志展开的，任何条件都关系着占有人和权利人的意志，例如，期间可以是判断和衡量意志的一种外在方式，只是这些方式都是外在的都是对意志的推定。

---

① 周枏：《罗马法原理》，商务印书馆 1994 年版，第 344 页。

② ［意］彼得罗·彭梵得：《罗马法教科书》，黄风译，中国政法大学出版社，1992 年版，第 218 页。

③ 有媒体报道海南省 12 家企业在海南共有 44742 亩闲置土地，空闲时间最长的达 22 年。据国家统计局公布的数据显示，在从 2000 年－2009 年 10 年的时间内，全国房地产企业一共购置近 33 亿平方米土地，而在这 10 年内全国房地产完成土地开发面积仅有近 21 亿平方米，这意味着仅仅这十年出让的房地产开发土地，就被房地产开发企业"雪藏"了近 12 亿平方米。从开发商长期天量囤地以牟取升值暴利来看，房地产业已经脱离正常的市场化道路，走向依赖垄断土地资源赚取高额溢价的非常规手段。2004 年一家企业出资 528 万美元买下了占地 1300 多亩的三亚红棠湾高尔夫球场，但是球场买进之后，该企业一直没有增加投资，也没有继续建设。几经转手之后，2007 年该地块已经增加到 12 亿港币的价格，是当初买进球场时 2000 万元的 60 倍。http：//www. shm. com. cn/jcld/html/2014 - 07/23/content_3032764. htm；http：//www. jx. xinhuanet. com/news/2010 - 11/09/content _ 21350851. htm；http：//www. 0359fdc. com/news/xinpankuaixun/news6259. html（2016 年 3 月 18 日）。

三、基于意志相容的正当性

（一）权利人的意志

权利人在权利标的物上具有自由意志。这种自由意志之所以是自由的，在于不会和其他任何人的任何权利发生冲突，也就是说他与其他人的权利意志是共容的。以所有权为例，这种自由意志表现在两个方面：一方面，权利人可以自主决定对权利标的物如何占有、使用、收益和处分；另一方面，权利人对标的物的行为他人不得干涉。

登记或注册是所有权外观，是为所有权服务的。登记或注册制度下，脱离财产权控制物，必然需要回到财产权下。权利在精神上的本质是一种意志，关于标的物的权利意志不存在时，权利意志的外观即失去意义。因此，登记注册并不能替代权属意志，而是应当追随权属意志。因此，登记或注册并不能使财产回到财产权意志上来，也不能由登记或注册产生权利意志或财产权控制，必然需要登记或注册追随财产权意志。

产权明确是明确真实产权，与人的意志客观真实联系的产权，因此也是客观真实的人格，因此正确地体现人格与正确地体现产权是相同的逻辑，对个人的方面是人格，对社会的一面是产权，是一种存在，是持久稳定的特征，体现了在制度上的不可替代性。

康德在自由意志的观念下，提出了权利的普遍原则是："外在地要这样去行动：你的意志的自由行使，根据一条普遍法则，能够和所有其他人的自由并存"。[①] 这样的权利和这种权利和义务构成的

---

① ［德］康德：《法的形而上学原理——权利的科学》，沈叔平译，商务印书馆，1991年版，第41页。

法律具有正当性。

在康德看来，“只有一种天赋的权利，即与生俱来的自由。自由是独立于别人的强制意志，而且根据普遍的法则，它能够和所有人的自由并存，它是每个人由于他的人性而具有的独一无二的、原生的、与生俱来的权利”。[①] 从这里可以看出，这样的权利概念里已经隐含了正当性。这里，正当性根源在于纯粹实践理性的自由意志。

（二）原权利人意志行为的缺失

取得时效中，时效占有人和平、公开并长期以权利人的方式实际控制标的物。原权利人虽然无义务在限定的时间内对在犯行为做出反对，但是作为所有权的意志不应表现为无原因地容忍。康德认为，根据所有权的实践理性关系，权利人“通过他的意志行为”用一种责任去约束所有其他人不能动用他的物。[②] 这里的“意志行为”是指排除他人侵犯的行为。

“意志行为”应当具有义务的法律性质，只是在以权利为本位的民法制度中，为彰显权利而使其隐没了。但是，其应具备的功能却没有被其他方式替代。取得时效制度在大陆法系的普遍存在，就说明了这一点。因此，取得时效制度可以看做对这种“义务”怠于履行的责任设定。

公开的占有，有知道他人违背其意志而占有，表示反对的可能；和平的非暴力，有自由表示反对的可能；长期地占有，更说明有自由表示反对的可能。在时效占有人和平、公开并长期以权利人的方式实际控制标的物时，原权利人既没有事实控制客体的积极意志行为，又有很多机会自由表示反对意思却又无反对的意思，是意志行

① 同前注［德］康德：《法的形而上学原理——权利的科学》，第50页。
② 同前注［德］康德：《法的形而上学原理——权利的科学》，第89页。

为的缺失。

意志行为的缺失，也是意志的缺失。时效期间意志行为的缺失，就是时效期间意志的缺失。因此，即使不能将一时的意志的缺失作为意志的终绝，只要已经给权利人行为中非理性以充分的余地，常理上，根据时效期间的长度，可以评估意志的存在与终绝。这种余地，在时效期间其他因素也存在时，就是时效期间的长度，或不超过时效期间的长度。

因此，满足时效取得要件情况下，原权利人意志缺失，时效占有人并没有以成全自己来剥夺原权利人的自由意志的机会。

（三）时效占有人意志与意志行为的存在导致意志相容的正当性

1. 时效占有人的意志与意志行为

时效占有人的意志，与所有权的意志具有相似性，也可以将取得时效看做国家依据法律代权利人行赠与的职能。时效取得制度与赠与制度的不同之处在于，赠与制度中接受赠与时权利主体是存在的，而取得时效制度下赠与主体不存在，需要由国家依据法律代行赠与人的角色。他们都自愿达成了一致，因此都是具有正当性的。

时效占有人权利意志与原权利的终绝构成了契合的自愿，而同时这种主观性使得财产回到秩序中，不妨碍他人意志，甚至顺应社会意志。不妨碍是说与其他任何人无害，顺应的含义是，不仅可以增加社会总量财富，而且每个人有此机遇都得以增加财富，这不仅是道德上的正当性也是功利主义的正当性，甚至可能同时满足人格上的正当性。

2. 自由意志上的正当性

原权利人的意志与时效占有人的意志是相容的。善意的时效占有人事实上控制客体的积极意志行为，又不知道而且没有理由知道违背他人的意志，没有违背原权利人意思的故意；原权利人既没有事实控制客体的积极意志行为，又有很多机会自由表示反对意思却又无反对的意思，因此，并没有剥夺原权利人的自由意志的机会，以成全善意的时效占有人。

取得时效基于相容是正当的，应予以承认。若不承认时效取得，相当于只承认原权利人的消极的、内在的任意，而否定了善意的时效占有人的积极的、客观的自由意志的机会。这样原权利人的意志与善意时效占有人的意志就不能并存，相当于是说，牺牲善意的时效占有人，以保全原权利人。只是保护原权利人的任意，不仅会让其善意时效占有人没有与权利人相同自由意志的可能，反而造成“一切所有权都称为不可能的了”①。

3. 合法性意义上的正当性

时效占有人欲取得的权利与原权利的差别在于取得的法律依据不同。时效占有人是以所有的意思的占有，因此时效占有人与所有人都具有所有的意思。时效占有人的意志与权利人的意志性质无异，亦是以自己为所有的意志对他人所有物的占有。正因为如此，时效占有人的权利应当与权利人同等保护。

原权利人自由意志与取得时效占有人的自由意志的相容性也说明了取得时效制度与所有权制度在法理上的一致性。以所有权为中心的财产法律体系下，取得时效与所有权的一致性能够理解为合法

① 参见［德］康德：《法的形而上学原理——权利的科学》，沈叔平译，商务印书馆，2009年版，第122页。

性。事实上，不仅是比之所有权取得时效具有合法性，而且所有权制度也是站在取得时效制度基础上的，这正如萨维尼所说，一切“所有权”都是因“时效”而成熟的“他主占有”。[1] 实证法上，这种一致性的合法性满足了法律体系的安定性。取得时效因此又具有了科学性上的正当性。

① ［英］亨利·詹姆斯·萨姆奈·梅因：《古代法》，沈景一译，商务印书馆，2011年版，第143页。

第五章
我国取得时效制度的具体设计

取得时效规则主要是围绕占有人而设。依据取得时效正当性要求，取得时效中原权利人和时效占有人应当是：原权利人权利意志终绝，善意占有人具有权利意志，在一定程度的公开以及和平、长期地占有基础上，时效占有人与原权利人意志相容。然而，除此价值和理性之外，实证法规范则接纳多种价值，其理性内涵也更丰富，涉及的主体也更多。但无论如何，正当性都要求各方权利和义务主体意志共存，每个人皆能自由发展。原权利人意志的终绝、占有人的自由意志的具体标准，必须依靠善意、和平、公开占有、时效期间等要件体现。仅此这些仍然不够，善意仍需进一步外化，通过登记、通知和公告制度体现出来。这样，取得时效制度才能完成既定的功能。

第一节　善意

一、应以善意为要件

取得时效制度应设立善意要件，将善意作为占有人取得权利的原则，仅将恶意为例外处理。当然，从立法和公共政策的实践的综合，照顾不同的政策主张，许多立法例也承认恶意时效取得。但是，不应忽视二者之间的意志冲突，应当收紧取得要件，尽量缓解二者之间的冲突。这其实也是承认恶意的时效取得的法域立法地区的趋势。

（一）善意要件域外立法情况

善意在民法中的发展由罗马法开始，经历了一个由弱到强、由小到大、由局部到全域的过程：在《法国民法典》中的发展主要发生在规范层面，物权变动的意思主义模式导致了“对抗问题”下的善意第三人保护，即时取得实质上扩张了主观善意的领地；诚信原则在德国民法中实际上完成了统一；《瑞士民法典》则为它加了“帝王”之冕，作为行为准则的善意获得了“规则之王”的称号，其核心既是正当性标准又是基本道德要求。

实证法以主观认知作为标准的情形遍布各部门法，最典型的当是刑法中犯罪构成的主观要件的要求。其在民法中也十分突出，作为民法最核心的原则的意思自治即是围绕人的主观认知展开的。民法在突出效率的领域，建立的替代主观认知的客观标准一般完全脱离主观认知，如登记公信制度，需要登记更正使其与主观认知上的权利统一。一言以蔽之，民法规范中认知上的主客观统一是以主观为中心的。而善意则显身于民法总则及物权、债权、占有等各个领域。

纵观取得时效域外立法例，鲜见取得时效完全没有诚信要求的立法例。下述有立法例，例如1870年的《墨西哥民法典》（第1151条），的确不将诚信作为要件，但也将其作为影响时效期间长短的因素。而且其规定“和平、公然占有”，实际也是客观诚信的具体要求。《吉尔吉斯斯坦民法典》（第265条）、《捷克民法典》（第134条）、《萨尔瓦多民法典》（第2246条、第2249条）、1982年的《委内瑞拉民法典》（第1977条）等立法例中的取得时效，规定“和平、公然占有”为条件。《日本民法典》（162条第2项）、《瑞士民法典》（第728条）、《义大利民法典》（第1161条、第1162条）、《荷兰民法典》（第99条）、《法国民法典》（第2265条）、《韩国民法典》（第246条）、澳门地区《民法典》（第1219条—第1224条）、现行有效的1870年的《墨西哥民法典》（第1151条）、1869年的《阿根廷民法典》（第3999条、第4015条、第4016条）诚信只作为一个影响时效期间长短的因素存在。1869年《乌拉圭民法典》与《阿根廷民法典》在这方面的规定一致。现行有效的1846年《玻利维亚民法典》对不动产的时效取得要求诚信（第149条），对动产的时效取得不要求诚信（第149条）。该国1999年的民法典草案维持了这种安排。但2002年的《莫尔达瓦民法典》做出了相反的安排，规定动产时效取得要诚信（第337条），不动产时效取得不要求诚信（第336条）。不过，1994年《魁北克民法典》尽管也只对动产的时效取得要求诚信（第2919条），但对不动产的10年占有通过诉讼取得，不要求诚信（第2918条）。现行有效的1888年《西班牙民法典》（第1940条）规定普通取得时效需要诚信的要件，特别取得时效——例如地役权的时效取得——不需要诚信的要件（第537条）。现行有效的1949年《菲律宾民法典》同此，其第1117条规定：（1）所有权和其他物权的取得时效可以是普通时效也可以是特殊时效。（2）普通取得时效要求诚信地、有合法原因地占有某物经过法定的期间。但特别取得时效——例如地役权的时效取得——也不需要诚信的要件（第620条）。

《德国民法典》是典型的以善意为要件的立法例。《德国民法典》第937条第二款规定，取得人在取得自主占有时为非善意的，或其在嗣后知悉其不享有所有权的，排除取得时效。而2008年的《维地马拉民法典》（第620条）、2005年的《越南民法典》（第170条、第247条）、2004年的《乌克兰民法典》（第344条第1款）、2002年的《格鲁吉亚民法典》（第187条）、《立陶宛民法典》（第4.70条）、1999年的《亚美尼亚民法典》（第187条第1款）、1999年的《土库曼斯坦民法典》（第186条）、1997年的《乌兹别克斯坦民法典》（第187条第1款）、《哈萨克斯坦民法典》（第240条第1款）、1992年重新启用的1938年《拉脱维亚民法典》（第999条）、1987年的《古巴民法典》（第186条）、1906年的《洪都拉斯民法典》（第2281条）、1904年的《尼加拉瓜民法典》（第888条）、1886年的《哥斯大黎加民法典》（第853条）、1994－2006年的《俄罗斯联邦民法典》（第234条第1款）明确要求诚信当作不论何种取得时效的构成要件。《哈萨克斯坦民法典》第240条第1款、《亚美尼亚民法典》第187条第1款和《乌兹别克斯坦民法典》第187条第1款如出一辙，《俄罗斯联邦民法典》显然是它们的蓝本。以上共计15个国家。①

《欧洲示范民法典草案》虽然不是已经完成的立法，但其已经影响了民法发展，因此也有较大的借鉴意义。在《欧洲示范民法典

① 参见徐国栋：《主观诚信概念在中国民法理论中的地位——答王立争先生〈"主观诚信说"若干观点质疑〉一文》，载《政治与法律》，2011年第5期；参见梁慧星：《中国民法典草案建议稿附理由·物权编》，法律出版社，2013年版，第115页；王利明：《中国民法典学者建议稿及立法理由·物权编》，法律出版社，2005年版，第100页。

草案》第 VIII－4：101 条也将善意与恶意做了区分。[①] 欧洲国家在恶意的占有人是否能够通过持续占有取得所有权或其他受法律保护对抗所有权人的地位的问题上立场不一。在将近一半的国家中恶意地取得所有权或类似的情形在原则上是可能的，除了在极端恶意的情况下的例外，例如通过暴力或其他犯罪行为取得占有。同时也存在取得所有权的其他一般要求，如占有必须是公开的、和平的。尽管和平和公开主要是保障基本的秩序，但也暗示了某些种类的恶意占有不会取得所有权。[②] 大陆法系自罗马法以来，取得时效制度中和平、公开地占有一定期间的要件几无例外地被沿用。笔者认为，这一秩序的形成，内在地也是原权利人权利意志逼近终绝的过程，更是原权利人权利意志逼近终绝的一种体现，在一定程度上也是时效占有人善意的呈现，有时也是恶意向善意的转变。和平不仅在占有期间必要，而且往往成为取得时的要求。

从比较法的角度看，上述各国家或地区立法例，不论是按国家的数目算，还是按有关国家拥有的人口算，或它们拥有的领土算，只有少数国家和地区未将善意或诚信纳入取得时效制度。以“公开、和平占有”为要件而不区分善意与恶意，与其说是允许恶意地取得时效，不如说是都看做善意的。诚信在取得时效制度中具有维持其正当性的功能，因此问题只在于是以“公开、和平占有”具体的客观诚信条件，是不加区分主观、客观地规定诚信要件，还是以

---

① 欧洲民法典研究组、欧盟现行私法研究组编：《欧洲私法的原则、定义与示范规则：欧洲示范民法典草案（第八卷 物的所有权的取得与丧失）》，朱文龙等译，法律出版社，2014 年版，第 540 页。

② 同前注欧洲民法典研究组、欧盟现行私法研究组编：《欧洲私法的原则、定义与示范规则：欧洲示范民法典草案（第八卷 物的所有权的取得与丧失）》，朱文龙等译，法律出版社，2014 年版，第 540 页。

“公开、和平占有”具体的客观诚信条件兼具善意的问题。

（二）内地立法（草案）的评析

内地民法中以善意为要件与取得时效最接近的是善意取得制度，[①] 它们都具有物权原始取得的功能。有学者甚至认为善意取得是一种特别的取得时效制度。[②] 善意取得要求善意、合理价格和已经取得等要件。

在此，有必要进一步剖析其原因。在一定程度上，以合理价格转让，已经具有了交易中部分的正当性。物权登记的公信力，也能在较大程度上反映取得行为的正当性。但是，在真正权利人面前，这些都还不足以取得其权利。对物的价值判断上，仅仅依据市场价格合理来表达物的所有权人对物的主观价值判断远远不足，物的个性价值和物对于所有权人的纪念价值往往使物“千金不换”。以房屋为例，它的市场价值是价值之一，除此之外还有离单位、亲属朋友距离的远近，祖宅中儿时的记忆……交易的意愿不仅是来自市场价值，其他价值因素也不容忽视，主体意思才可能是具有全部价值判断的最后结论。就主体意思的重要性，内地《民法通则》第 55 条、第 58 条，《合同法》第 47 条都规定了民事行为能力人与法律行为效力关系。在订立合同时，无民事行为能力人的合同无效与合同是否公平、价格是否合理无关，而《合同法》第 55 条显失公平的

---

① 《物权法》第 106 条规定：“无处分权人将不动产或者动产转让给受让人的，所有权人有权追回；除法律另有规定外，符合下列情形的，受让人取得该不动产或者动产的所有权：（一）受让人受让该不动产或者动产时是善意的；（二）以合理的价格转让；（三）转让的不动产或者动产依照法律规定应当登记的已经登记，不需要登记的已经交付给受让人。受让人依照前款规定取得不动产或者动产的所有权的，原所有权人有权向无处分权人请求赔偿损失。当事人善意取得其他物权的，参照前两款规定。”

② 参见王茂：《基于〈法学阶梯〉的取得时效与善意取得制度分析》，《神州》，2012 年 8 月，第 66 页。

合同仅仅是具有撤销权的效力待定的合同，其意思具有约束力，此类列举无需更多。

善意取得的制度，是对取得方行为的正当性判断。其是否正当，不仅在于客观方面，更在于其主观善意。登记虽有公信力，但如果受让人恶意并未“信”其权利的真实取得，仍使其有约束原权利人之“力”则显荒谬。就否定原权利人意志承认取得人意志的权利正当性判断，主观认知才是最终的标准，客观标准是主观认知的补充或辅证。在善意取得制度中，原权利人的意志是在取得方的意志中的意志，善意要件衡量了买方主观意志，尤其衡量了买方对卖方主观意志的判断。能够保证行为的正当性的，莫过于此。基于此等原因，德国民法在设计善意取得制度时不要求合理补偿的要件，但要求善意。[①] 善意是现实中正当性和受到保护的主要原因。

内地善意取得制度，比之德国立法增加了合理价格，抛弃了善意取得受赠财产的功能，作为确证善意的一个客观标准，正当性进一步加强。这一制度设计显示出内地在正当性要求上对善意的重视程度。

然而，不得不提出，这种正当性标准在2002年《中华人民共和国民法典（草案）》以及取得时效制度的几个建议稿中却并未一贯性和体系性地表现出来。2002年《中华人民共和国民法典（草案）》中取得时效制度不以善意为要件，但要求诉讼时效期间届满的条件，权利人一定期限内权利人未主张权利，这在一定程度上起到了占有人善意要件的作用。梁慧星教授主持编撰的2003年《中国

① 当然，《德国物权法》中还有不当得利制度平衡真正权利人的损失，也与其继承日耳曼法保护交易行为的“以手护手”传统结合物权行为无因性理论相关，但这些并不妨碍善意要件意义的分析。

民法典草案建议稿》（第284条）、[①] 王利明教授主持编撰的2000年的《中国物权法草案建议稿》第69条、徐国栋教授主持编撰的2004年的《绿色民法典草案》（第五分编第251条－第266条）[②]都区分了取得时效的善意和恶意，但也都没有坚持以善意为要件。王利明教授主持编撰的2005年的《中国民法典学者建议稿》第717条[③]则改变观点，不再区分善意和恶意。王利明教授主持编撰的2005年的《中国民法典学者建议稿》第717条第一款，以所有人的意思，和平、公开、连续占有他人动产经过十年，取得该动产的所有权。[④] 撰稿人程啸反对区分善意和恶意以有利于阻止那些恶意的占有人轻而易举地通过取得时效获得本不应享有的权利的意见，认为，取得时效制度的目的既然仅仅在于依据占有的客观事实借以维持社会生活的稳定性，其重心在于保护那些与无权利人从事交往的人，就没有必要去区分占有人的主观究竟是善意还是恶意，因此采用了德国、日本的民事立法。[⑤] 梁慧星教授也认为，区分善意和恶意不影响设立取得时效的主旨。取得时效之设，无非是为维护社会秩序的稳定或求得纠纷解决的便捷，但占有人的内心意思并不影响

---

① 参见梁慧星：《中国民法典草案建议稿附理由·物权编》，法律出版社，2013年版，第112页。

② 参见徐国栋主编：《绿色民法典草案》，社会科学文献出版社，2004年版，第335页及以下。

③ 参见王利明《中国物权法草案建议稿及说明》，中国法制出版社，2001年版，第18页。

④ 王利明：《中国民法典学者建议稿及立法理由·物权编》，法律出版社，2005年版，第100页。

⑤ 王利明：《中国民法典学者建议稿及立法理由·物权编》，法律出版社，2005年版，第102页。

以上思想目标。[①] 梁慧星教授还认为，善意的举证，在当今资讯社会，不知情的情节实在难以掌握。[②] 笔者认为这一说理并不足信。依照其逻辑，阻止恶意取得权利的行为不被认为是取得时效的目的，保护权利人的权利自然也不是。那么，既然不维护权利人的权利，又何谈“维持社会生活的稳定性”“纠纷解决”呢？可见，如不从保护权利人的权利程度的角度去分析，以时效取得正当性的程度和所有权正当性的程度比较，就难以从逻辑上使其周延。而且，笔者也坚决反对“鼓励权利人利用其财产、促进物尽其用”可以不阻止恶意取得权利，其颠倒了法律在正义和效率上的价值顺序。况且，以善意为要件并不是那么困难。虽然“不知情的情节实在难以掌握”，但是可以沿袭法国法中已经采用的善意推定、权利人对占有人的恶意举证等方式。

（三）善意要件需坚守

权利人在时效期内没有表现出权利意志，这表明其权利意志逼近终绝，这是否与占有人善意与否并无关联？经过时效期，即便是设定长时效期，仍需要善意作为要件。是否可以认为占有人不必善意且无过失，或可推定为善意且无过失？笔者认为不可推定为善意且无过失，原因首先在于以所有权利的不可侵犯的正当性要求。客观上权利人意志终绝时效占有人意志才能有存在的余地，但事实上并不能实现，人们是通过主观世界进入客观世界的。其次，在千姿百态的现实生活中很难将客观意志终绝罗列表述完整，客观诚信在

---

① 梁慧星：《中国民法典草案建议稿附理由·物权编》，法律出版社，2013年版，第284页。

② 梁慧星：《中国民法典草案建议稿附理由·物权编》，法律出版社，2013年版，第286页。

法律规范上难以全面地明确，这也不可能实现。这样一来，客观上权利人意志终绝即转化为在主观上要求的诚信，即善意，而主观是否善意则为制度性质乃至人们的行为确立了明确的导向。

占有人善意时，权利人不一定没有权利意志，但占有人客观恶信（明知权利人意志存在仍占为己有）时，权利人一定具有权利意志。当然，占有人恶意（主观认为原权利人权利意志存在）也不一定具有客观恶信，其恶意也可能无客观恶信，但是却一定不是善意。时效期间的经过以及其他措施都不能避免客观恶信，唯有善意要件可能最大程度地避免客观恶信。因此，只有明确占有人具备善意条件，才能使权利人没有权利意志的程度最大化，以逼近权利人权力意志终绝的境地。因此，应坚持善意要件。

取得时效要件中即使没有明确善意的要件，和平、公开、时间等要件也在一定程度上发挥着善意要件的功能。因为，无论是有善意要件还是无善意要件，可能的权利人都有充足的条件反对以自己所有的意思的占有人的占有，以法律行为和事实行为否定占有人对这项权利的意思。相反，如果没有人反对这一意思，占有人极可能具有与他人权利无涉的意志。但是，没有善意的要件，其他要件仍不绝然表明占有人的善意，因为和平、公开的一段时间并不能完全代表权利人了解了占有人的意思，仍然需要通过善意的确定，对权利人意志的了解，来推断占有人意志是否与他人权利无涉。

占有的公示功能，使以所有的意思占有的“和平、公开”，将所有的意思公示，而且客观上产生权利人以及其他人未表达否定意见且无其他否定性意志行为，从而“和平、公开”使占有人所有具有了客观诚信的性质。但是，这一客观诚信，因其占有期间的有限性，只能反映权利的相对客观性，并不能依此完全确认其权利。基于对“和平、公开”状态的出现所反映的占有人的主观心理的推断，它也能够体现出占有人的善意，但只能作为“善意”的一般要求。

如此看来，表明或不表明善意要件的实质区别在于制度的性质和对人行为的导向两方面的区别：是否给恶意侵占留下可能空间。结论当然应当是否定的，不应允许侵占，这并不应存在疑问。进一步地，基于制度效率之类原因考量善意要件的取舍，仍然应当坚持要求善意。在侵犯行为数量有限且可控的前提下，似乎考虑制度效率并无不妥。但 J. A. Pye（Oxford）Ltd v. United Kingdom 和 McLean v. DK Trust 案表明，只要不明确要求善意要件，就存在着发生侵犯权利事件的无限的可能。因此，制度效率不能成为免除善意要件的理由。不仅如此，还应通过制度体系，使得善意要件充分发挥保证正当性的功能。

（四）善意加强了取得时效与既有制度间的系统关联

善意在既有法律规范中已经形成规则体系。善意要件不仅可以较好地保障所有权制度功能，并成为保障租赁、赠与等制度功能的基础，降低取得时效制度的负面影响，而且取得时效制度使超过诉讼时效期间的证据在占有为主要依据、占有人主动提起法律程序的前提下发挥一定的功能，形成良性的关联。

在动产取得时效情况下，原权利人可以证明占有人不具有善意，以维护其权利。例如，向原权利人缴纳某项费用，无论何种情况只要费用是基于原权利人权利，即是承认了原权利人的权利，而只要不是基于原权利人的权利，即便缴纳某项费用，比如税费，也并不说明承认原权利人的权利。这样，就避免了以租赁等原因来对抗时效占有人对租赁形式要件不具备的不足，从而既有效地保障了原权利人权利，又能够使租赁制度功能正常发挥。

在已经登记不动产取得时效情况下，原权利人可以依据登记、其对登记资讯的变更、对标的物的管理，对占有人明确表达不抛弃权利的行为，证明权利意志的存在，证明占有人的非善意。这样能够便于保护登记权利人权利。未登记不动产，原权利人还可以通过登记，表达权利意志，可以通过证人证言证明占有人对原权利的明知，证明占有人不具有善意。未登记的不动产时效取得一般发生在农村，这种熟人社会的证人证言能够较真实地反映占有人的真实意志状态，最大限度地在熟人社会中产生正当性效果。

在城市商品房买卖关系中，在占有人有正当原因，但未办理登记过户的情况下，通过交易的资料，可以证明其善意，并不影响不动产的取得时效。若房价款未全部缴纳，此时卖方也不能认为占有人恶意，因为其恶意并不在对房屋的占有，而在于房款未缴纳尾款。如果时效期间内卖方将房产已经转让，则是卖方权利意志未终绝。在其原有权利仍然有效时，其转让行为依然有效。这样，买方善意占有不能满足时效取得期间的要求，纠纷就成为一房两卖的问题。

如果已经完全缴纳房款，但怠于办理过户登记手续，此时卖方将产权人资讯变更则较为复杂。可以交易资料证明善意，虽然卖方此时将产权人资讯变更，但仅是原产权人信息的变化而无产权人变化，则能排除一房二卖的可能，此时可以以买方交易目的解释其仍为善意。

如果买卖双方存在纠纷，在取得时效案件内，仍可以通过双方纠纷中的证据来判断其善意情况，做到取得时效案件与不动产转让合同纠纷案件的良性对接。并且能够较好地处理不动产占有在案件中一般代表并非完全侵占而是买卖关系问题情况下，买方入住时大多数是卖方违约的局面，以时效取得的法律关系审理，以占有作为衡量权利的主要归属对占有人较为有利的相关关系比较公平。

综上，笔者认为应在善意的原则基础上确定取得时效各具体条件。善意保证取得时效制度谋求的是权利和正当，而不是以不加节制地牺牲个人正当权利为代价的所谓公共利益、效率或其他。善意的原则防止将取得时效与所有权的正当性对立，也为发挥取得时效的功能打下基础。目前，以充分尊重个人人格为民法立法在公共利益得到认可后的发展方向，注重个人意志已经成为必然要求。如果说罗马法上取得时效制度中的善意主要是为了解决契约形式主义缺陷导致的无效问题，使善意占有人借助时效制度取得所有权，取得时效已经基本完成那一历史阶段的历史使命，其价值在不断地翻新，随着我国社会经济的快速发展和调整，制度的变革还会历经变化，而不坚持善意要件，则会导致取得时效制度功能僵化而难以适应需要。

（五）基于法律政策考量对恶意视同善意对待。

基于法律政策考量，可以将特定的恶意视同善意对待。典型的情形是资源保护和充分利用的法律政策考量，比如耕地利用。对资源的利用，考虑的基本价值是公共利益。之所以将此资源利用的公共利益区别于一般的公共利益，是因为资源保护应当成为每一个人的理性，它不同于对一般的物作为社会财富的充分利用，社会财富的充分利用可能对不同的人有完全不同的评估方式和结果，但耕地保护和利用对每个人而言价值都是不言而喻的。

二、善意时效占有人的民事行为能力

占主导地位的观点是：占有的意思不是法律行为上的意思，而是一种自然的意思，故取得某物的占有或维持其占有皆不以具有行为能力或限制行为能力为必要。只要对物有为支配的自然能力，即为已足。[①] 取得时效非属法律行为——仅须有意思能力，不须行为能力。[②] 对占有而言，笔者同意其不必要求完全的民事行为能力。但是，笔者认为，若取得善意要件，必须要求其具备完全的民事能力。鲍尔和施蒂尔纳认为，取得时效人行为能力不是必要的。[③] 但笔者注意到，在论述这一问题时，对占有的行为要求和善意的辨别能力是被区分开进行论证的。因此，并无对善意要件的满足明确是否需要完全民事行为能力的论证。

从意志相容的正当性条件看，虽然不排除时效取得占有人具有感性，但仍要求具有权利的意志，妥当安排与权利人和其他关系人的权利关系。在善意要求上，占有主体具备善意的基本意志，也要有完全的民事行为能力。原因在于，不具有完全的民事行为能力，不能认为其权利意志与他人的权利意志的不冲突。民事行为能力是以自己的行为取得民事权利、承担民事义务的资格。这种资格有无对自然人言即是对自己行为所发生何种效果的预见能力。如前所述，善意是一种认知，无论是强调其对财产是否处于他人控制状态的复合条件的主观判断还是强调其对买卖、继承、赠与等客观原因与占有的内在联系分析，都需要相当的认知能力。善意的认知能力对不具备完全的民事行为能力人而言是不可能完成的。

仅以权利意志而进行的占有，在不要求其善意时，这种情形不

---

① 参见王泽鉴：《民法物权》，三民书局台大法学院福利社，2010 年 6 月，增订二版第二次印刷，第 533 页。

② 参见王泽鉴：《王泽鉴法学全集》（第七卷），中国政法大学出版社，2003 年版，第 282 页。

③ ［德］鲍尔・施蒂尔纳：《德国物权法》，张双根译，法律出版社，2004 年版，第 523 页。

具备民事行为能力也可具备。只有在不需要善意作为要件的情况下，才可以取得该权利。无民事权利能力可以占有，但在取得时效时须有完全民事行为能力人的辅助。例如，在无民事行为能力人长期占有下，所有权人容忍情况下，也不能令原所有权人丧失权利。

三、善意应自始至终

善意无过失之要件，以占有之始具备为已足。[①] 占有人取得占有物必须基于善意即占有人接受占有物时并不知晓转让人的权利存在着交易的瑕疵。即取得人确信是从有权处分的人那里取得了物，这是主观性的状态。但是此处的善意并不要求占有人从始至终都具有善意，这种善意是一种起始善意，只要占有人在接受占有物时具有善意即可。[②] 笔者认为，以善意开始，其后转变为恶意，不应认为是善意。但如果开始是恶意后来转变为善意，自善意具备时开始才符合条件。认为开始即满足条件最早是《法学阶梯》的观点，但那时还未建立善意取得制度，取得时效还承载着善意取得的功能，或者说那时主要体现在的善意取得功能。对善意取得而言，开始不知晓存在着交易的瑕疵，一旦交易完成即不便追究，原因是若交易完成后又转易，客观上难以追究。

《德国民法典》第937条规定，（1）自主占有动产十年的人，取得所有权（取得时效）；（2）取得人在取得自主占有时为非善意的，或其在嗣后知悉其不享有所有权的，排除取得时效。这里，“在嗣后知悉”就是排除了“以占有之始具备为已足”。占有开始满

---

① 参见史尚宽：《物权法论》，中国政法大学出版社，2000年版，第77页。

② 参见王茂：《基于〈法学阶梯〉的取得时效与善意取得制度分析》，载《神州》，2012年第23期。

足善意且无过失的条件，过程中如不再具备此要件，而明知确定的权利人意志，其后又怎么可能具备善意的心态呢？因此，前善意及其期间也已终止。

以占有之始具备为已足的观点，实质是降低对取得时效善意的要求。笔者认为，如果在占有过程中，由不知真实权利人变为明知权利人却仍然取得其财产已经是恶意占有。按照对善意的最低要求，如果仅知道权利人，而认为权利人放弃权利，仍可定性为善意，知道权利人而且知道权利人具有权利意志则完全不能定性为善意。此时，即使所有权人未驱逐，也已经与占有人的意志冲突。此时仍然确认占有人的权利，无异于制造纠纷。因此，仍应当坚持善意应自始至终的要求。

四、善意的注意程度

善意虽然是主观上的，但这种主观仍然是具有一定理性的主观，而不应过于草率，不应有重大过失。因此，善意应具备一定的注意程度，这种程度具有客观性。也就是说善意的主观认知也具有客观性，进而可以具有规范性，具有外在化效果。这种客观性即是客观区分善意与恶意的分野。

对权利人而言，善意占有应无过失。无过失的占有，对占有人而言就是信自己有所有权为无过失。即以善良管理的注意，不知道自己事实上并非所有人。① 关于善良管理标准，笔者认为，对认为是自己的财产和认为是他人抛弃或放任的财产应予以区分。对认为是他人抛弃或放任的财产应具有排除他人管理的认知要求。一般权

① 参见史尚宽：《物权法论》，中国政法大学出版社，2000 年，第 77 页。

利人善良管理的可观察的表现即是其能够注意到权利人善良管理为界限。例如，对登记不动产权属及产权资讯的变更、非登记不动产的登记、可被外界察觉到的物的管理和使用、物业管理水电费的缴纳等。

对国有财产和公共利益公而言，即使法律有明确规定的，违反法律不能绝对否定善意占有。例如，建筑工程违反规划审批程序但已经取得审批的或者可以补充审批的，都不妨碍善意的构成。但是，可以在时效期间的设置上做必要的法律政策性考量，本研究将在后文做具体论述。侵占未开采的国家矿产资源的违法行为，则不应认为是善意，原因在于国有财产可分别对待，未开采的国家矿产资源不属于可以适用取得时效的范围。对此，本研究在下一节有相关论述。

五、善意推定

善意的主观内在性，使得其难以作为约束条件，但在取得时效程序上需确认善意的存在，使其有一个从内心外化的过程。一般认为，善意应是一种推定。[①]《欧洲示范民法典草案》第 VIII－4：101 条（b）、《德国民法典》第 937 条台湾地区“民法典”第 944 条等域外立法都明确规定了善意推定的制度。[②]

善意推定并非等同于不要求善意。善意推定在诉讼程序上的意义在于，提供了权利人反证的机会。即使没有权利人的反对，确认占有人权利时也应经占有人“不知”的意思表示。正当名义，如买

① 参见谢在全：《民法物权论》，中国政法大学出版社，2011 年版，第 151 页。

② 参见欧洲民法典研究组、欧盟现行私法研究组编：《欧洲私法的原则、定义与示范规则：欧洲示范民法典草案（第八卷 物的所有权的取得与丧失）》，朱文龙等译，法律出版社，2014 年版，第 528 页。

卖、赠与等，常常是善意的原因。[1] 明知权利人未抛弃权利而故意使权利人不知，导致权利丧失或具有丧失的危险，则可证明占有人为恶意。

登记不动产取得时效期间届满前，时效占有人不能取得权利；时效期间届满后，推定占有人为善意。

善意推定制度可能使已过诉讼时效期间的证据再次使用。取得时效程序上，买卖合同等证据不用以作为合同履行诉讼的证据，但可以成为证明善意的证据。这并非以买卖合同证明占有人权利，证明占有人权利的证据关键仍然是占有的事实。这样对证据的重点转换，能更好地保障正当性。但其本质是通过证据的转换，对意志的发现方式做了调整。根本原因在于取得时效中，只有时效占有是重要证据，最能表达占有人和原权利人意志。

六、与公信外在形式不一致也可能是善意的

登记制度的公信力在于，即使登记权利与实质权利不符，对于信赖此项公示所表示的物权，而进行物权交易的人，法律仍然承认其具有与真实物权存在的相同法律效果。登记公信力是一种制度性构造的真实性，使其权利外观的意思表示更加具有确定性。在登记制度下，虽然可能不知道登记权利人意志是否明确存在，但是需要推断其为明确存在，一般不认定为不知。

基于此，有学者认为，不动产一经登记即等于公示了所有权的存在，占有他人的已经登记的不动产，自然不能说具有“相信自己是以合法所有的意思占有”的善意，自不应适用以善意为构成要件

---

① 参见陈朝璧：《罗马法原理》，法律出版社，2006 年版，第 276 页。

的取得时效。[①] 这样的论断在多数情况下确实如此，让善意的相对人清楚地认识这项登记为他人的财产不属于自己是登记作为所有权外观的主要功能，这当然非常重要，但笔者认为其对善意的理解不全面。登记是所有权人意志的表现，是所有权的外观。孙宪忠认为："登记同样是一种法律行为，而作为法律行为，必须考量登记中意思表示"；[②] 但是，登记制度只能是表达意志的工具。以登记为准的善意只认识到善意这种主观诚信具有诚信客观性的一面，却盲视了其主观性，即其"以合法所有的意思占有"是自己"相信"。如上所述，善意不受与其权益意志相反的权益外观事实影响，登记即是典型的与时效占有人权益意志相反的权益外观事实。而且这种善意在一些特定情形下极具合理性。笔者赞同这一观点，登记公信力使登记权利意思表示资讯更权威，更清晰，而且借助公信制度，最终放大了意思的可信性。但并不是说可信就一定真实，与登记权利不一致的真实权利仍具有纯粹意志，制度应予确认。香港 2014 年发布的关于逆权管有的《报告书》中指出，因"注册记录以外"的交易使得注册记录册的资料并不完备，所以完全有理由让占用土地的人注册为拥有人。香港的《报告书》列举了可能发生的例子包括：

1）农夫与邻居根据一项君子协定交换土地，但未为易地一事注册；以及

2）注册拥有人去世，物业交由女儿处理，但未采取行动为业权注册。[③]

① 参见甘功仁、白彦、丁亮华：《取得时效制度的适用性研究》，载《现代法学》2002 年第 4 期。

② 孙宪忠：《德国当代物权法》，法律出版社，1997 年版，第 133 页。

③ 关于逆权管有的《报告书》，2014 年，第 121 页。

基于这类事实的存在，英美法传统上存在“禁止反言”（proprietary estoppel）的原则，注册拥有人反对擅自占地者的申请是不合情理的。申请人须证明：

1）注册拥有人曾以某种方式鼓励或任由申请人相信自己拥有有关土地；

2）由于相信情况如此，申请人作出了对自己有损的行为，而注册拥有人对此事是知情的；以及

3）注册拥有人剥夺申请人所具有的权利会是不合情理的。①

诚然，英美法系注册制度与大陆法系登记制度存在诸多不同，然而就客观存在的这种“善意”情形却是共同的，只是规范方式上存在差异而已。

应当说，登记制度只能是表达以所有权为中心的相关权利意志的工具，登记公信主义本质上是一种法政策的选择。这并非法律的工具主义，法律的工具主义是对整个法律体系所进行的评价，本质是对法律的正当性进行的否定。笔者不反对法律整体的正当性，也不赞同法律的工具主义。但是仍然认为法律体系中的部分制度并不能实现正当性，并具有着明显的工具性。登记所表达的意思与真实意志的不同，前者是表现后者是本体，因此差异是客观存在的，与登记权利冲突的善意并非不可能。从实证的角度看，内地司法实务中多见一房二卖甚至一房数卖纠纷，② 这也证明不动产买卖之后未

① 关于逆权管有的《报告书》，2014 年，第 121 页。

② 一些高等法院甚至出台审判指导意见，如《北京市高级人民法院关于审理房屋买卖合同纠纷案件适用法律若干问题的指导意见（试行）》，明确了这种情况下应向谁实际履行房屋买卖合同。《最高人民法院公报》2015 年第 10 期刊载了《连成贤诉臧树林排除妨害纠纷案》要求：“作为买受方已取得房屋产权而未实际占有的情况下，其仅仅基于物权请求权要求有权占有人迁出，法院应作慎重审查。”

及时转移产权登记的情形较为常见，占有人与登记权利人不符但以所有人的意思善意占有的情形大量存在。

不仅登记属于与占有人权利意思相反的权利外观，占有也是一种公信的权利外观。租赁、（英美法系中的）占用、容忍等情形下，形式上的实际控制也是属于这种外观。凡此种种，都可能存在善意时效占有人且应拥有该财产权利。

当两种公信外在形式表达的权利冲突时，冲突方都可能是善意的：既可能登记权利人，也可能是时效占有人应当取得权利。占有期间较长时，占有人善意的可能性更大；占有期间较短时，登记权利人善意的可能性更大。因此，占有期间较长是善意可推定，占有期间较短是善意不可推定，需有辅助证据证明善意。

第二节　客体及对象

徐国栋教授在其绿色民法典中对取得时效的客体规定为“可以占有的财产”。但是，部分财产虽事实上虽可被占有但国家立法对但不得依时效取得，如未开采的自然资源。不同财产权利制度下，取得取得时效的客体并非不变，有必要予以辨明。占有的具体要求也并不完全一致，它因占有的客体不同变化也很大。

一、私有不动产及动产

（一）土地承包经营权

土地承包经营权是指土地承包经营权就是土地承包人对其依法承包的集体所有或国家所有由全民所有制或集体所有制单位使用的

国有土地享有占有、使用、收益和一定处分的权利。因此，其实质是物权性的土地使用权。占有他人承包地，适用取得时效制度可取得土地承包经营权。是否可能取得的是集体土地所有权呢？第一章第三节中已经述及，在香港存在批租制下取得完全所有权的情况。其与时效取得批租业权的区别在于占有人不缴纳租金，且原批租权人时效期内也未缴纳租金。但内地的土地承包制度下，土地使用金已经一次性完成支付或不须支付承包金，则不存在香港和爱尔兰上述问题。在需要缴纳承包金的情况下，个人也不能时效取得集体土地所有权。内地土地的公有制度已经排除了个人取得集体土地所有权的可能，且这种个人占有承包地不同于下述集体经济组织成员对其他集体经济组织所有土地的占有。

对已登记不动产的取得时效，《德国民法典》（第900条）以登记取得制度规定，对非登记为占有人的不动产须经过公示催告程序的方式才能取得权利（《德国民法典》第927条）。英国逆权管有制度则以原产权人异议的方式来确定①。我国台湾地区“民法典”仅对未登记不动产规定了取得时效制度。其物权编修订时，认为第769条规定对他人不动产的取得时效限于“未登记”不动产。于“已登记”不动产得否因时效取得地上权、地役权等，理论上非无疑问。物权编修正草案为杜绝争议，于第772条增列第二项：“前项规定，于已登记之不动产亦准用之。”这有助于扩大取得时效的客体范围，而问题在于为何于已登记的不动产，不得因取得时效获得所有权，但却得取得时效拥有地上权、地役权等？王泽鉴教授对此提出质疑，土地所有权登记情况下可取得地上权、地役权，为何不

① 英国目前有效的《2002土地登记法》附表6第2段。

能取得所有权。他认为规定不动产所有权的取得时效，以未登记之不动产为限，未尽妥适，此项区别理由何在，仍有研究余地。[①] 虽然台湾物权编修订后在第772条明确登记不动产所有权仍不适用取得时效，但理论界仍有争议。[②] 大陆在规定土地公有制基础上规定土地承包经营权以及建设用地使用权，对土地所有权一般不进行登记，只登记土地承包经营权以及建设用地使用权，因此考虑土地承包经营权的时效取得问题与台湾土地所有权问题是同一逻辑。笔者分析认为，争议存在于两个层面：第一个层面是，对登记土地它物权的因时效取得对土地所有权的影响；第二个层面是，对登记物权的因时效取得对登记制度的影响。

就第一个层面，取得时效制度为民事法上重要之制度，只是一旦取得时效地上权登记后，势必造成土地所有权人财产权相当大的冲击。然而，宪法关于财产权保障对民事法律关系效力，无论取得时效地上权登记请求权或者取得地上权权利，均为宪法财产权保障的范畴，故于民事上不仅应保障土地所有权人之权益，对于取得时效权利人之权益，亦应有保障考虑。“取得时效地上权之地位（资格）连同取得之权利，无论是登记请求权或是地上权，都受宪法财产权之保障，民事上不仅应保障土地所有权人之权益，对于取得时效权利人之权益，亦应有保障考虑”。[③] 地役权、地上权和所有权在此之价值评价的基础上才得区别对待。

德国登记取得时效建立在严格登记公信制度基础上，击破公信

---

① 王泽鉴：《民法物权》（通则·所有权），北京：中国政法大学出版社，2001年10月第一版，第206页。

② 谢哲胜：《台湾物权法的重大修正》，中国民商法律网，http：//old. civillaw. com. cn/article/default. asp? id =45869，2016年2月28日。

③ 释字第291号，1992年2月28日。

力只可能通过公示催告；英国则承认注册权利人可能并非真实的权利人，但必须在核实注册权利人权利的基础上。德国模式对登记所赋予的公信力，如前所述，是以较高的登记习惯为基础的。依据《农村土地承包法》第23条[①]、《民法典》第333条第1款[②]、《农村土地承包法》第35条[③]《民法典》第335条[④]家庭承包的物权性质土地承包经营权无须登记即可设立，但对于家庭承包的土地承包经营权物权性流转（互换、转让方式）的流转采用登记对抗主义。其他方式承包的物权性质的土地承包经营权设立采用登记要件主义。[⑤] 内地之所以采用这一立法模式，在于现阶段城市的工业社会和农村的乡土社会既相互区别又相互联系的并存。在取得时效制度设计上，对占有他人已经登记不动产的情况不应采取截然否定的态度。在有依据证明占有人善意，足以推翻登记权利时，例如权利人出让给占有人后虽转移占有且支付价款但未进行登记变更，应能取得土地承包经营权。如占有期间较长，也应在推定善意的基础上确定是否能够取得土地承包经营权。

---

① 《农村土地承包法》第23条规定，承包方自承包合同生效时取得土地承包经营权。

② 《民法典》第333条第1款规定：土地承包经营权自土地承包经营权合同生效时设立。

③ 《农村土地承包法》第35条规定：土地承包经营权互换、转让的，当事人可以向登记机构申请登记。未经登记，不得对抗善意第三人。

④ 《民法典》第335条规定：土地承包经营权互换、转让的，当事人可以向登记机构申请登记；未经登记，不得对抗善意第三人。

⑤ 参见陈文学，高圣平：《土地承包经营权流转视野下的土地承包经营权登记制度：困境与出路》，载《学术探索》，2010年第3期；丁关良、陆春明、蒋青：《土地承包经营权转让登记制度的现实困境及对策》，载《上海财经大学学报（哲学社会科学版）》2011年第2期；丘国中：《论土地承包经营权中登记的法律效力》，载《哈尔滨学院学报》2008年第1期。

需要进一步申明的是，集体经济组织是否可以作为土地承包经营权发包人的地位拒绝占有人取得土地承包经营权？借鉴前述香港批租土地逆权管有问题分析，土地承包经营权是一项独立的物权，时效取得土地承包经营权具有正当性，集体经济组织拒绝占有人取得土地承包经营权并不妥当。

（二）土地经营权

承包、转包或其他方式给集体经济组织以外成员时，使用人不具有集体组织成员的身份，其使用权不具有身份性，仅具有财产意义。当前，经营权与土地承包经营权分离，如果土地经营权是具有物权性的权利，也适于土地承包经营权部分讨论的内容。《民法典》第341条明确规定："流转期限为五年以上的土地经营权，自流转合同生效时设立。当事人可以向登记机构申请土地经营权登记；未经登记，不得对抗善意第三人。"一般认为，土地经营权经登记即具有物权属性。时效占有人仅具有占有经营权的意思时，只能依时效取得土地经营权，保留原承包人的承包经营权。

值得注意的是，时效占有人占有时可能并不存在业已创生出的土地经营权。但是，如果不承认土地经营权依时效取得，并不利于占有人占有农业用地的稳定经营和农地利用。因此，应当承认土地经营权可依时效取得，这本质上也是土地经营权依时效而设立的过程。

（三）建设用地使用权

建设用地使用权采取登记生效制度，即便将来缴纳土地使用费用形式发生变化，建设用地使用权仍然是物权性质，其权利登记亦不受影响。基于登记土地承包经营权也适用取得时效的相同考虑，建设用地使用权适用取得时效制度。

（四）房屋所有权

房屋所有权时效取得关联着建设用地使用权和宅基地使用权问

题，应同一对待。“小产权”房屋的所有权，是否可以适用取得时效应考察其占有是否为善意，在第一节已有论述。简言之，未获得合法产权，但不违反规划，可以通过取得时效取得所有权。

（五）地役权

地役权并非仅涉及私有财产，其还涉及空间权，应在建设用地使用权规划中与规划相协调。因此，取得时效客体说涉及的地役权主要指通行地役权。

占地人长期在权利人土地上通行，一般是因为通行的必要或便利，也基于此权利人长期以来已经接受为事实，即是一种同意。在此情形下，虽然占有人明知侵犯了权利人的合法权利，但基于事实上的必要或基于便利所产生的必要性，笔者认为，不能认为占有人不具有善意，或者说可以排除其恶意。原因在于，这种必要性基于人的生存，而侵犯的权利人权利是一般意义上的财产权利。虽然财产权利也是人权的必要组成部分，但是生存权利高于财产权利。此时如果权利人因财产权利而限制占有人的生存权利，则是不正当的。或者说，在生存权意义上占有人是正当的。当然，占有人应当对权利人进行补偿，只是在取得时效诉讼中，是占有人取得权利的问题，在未达到时效期限时，权利人有权要求补偿。但在未达到时效期间时，基于相邻关系，也应允许占有人合理使用。这一关系与基地占有法律关系相似。

（六）政策性房屋租赁权

1. 政策性房屋租赁权的取得时效何以可能

政策性租赁房指通过政府或政府委托的机构，按照政府规定的政策租价向中低收入的住房困难家庭提供可租赁的住房。政策性的租赁，包括计划经济时期按照配给制提供给职工居住的租赁房和改革开放后的各种对城市困难人群提供的廉租房、租赁经济适用以租代售房等。政策性租赁房屋的承租人，多数情况下应具备政府规定的承租条件。由于这些租赁关系长期稳定，使得占有人持续、公开、和平地长期占有成为可能。当这样的秩序一旦形成，如同取得时效制度所具有的合理性一样，也就具有了对政策性房屋租赁权时效取得的必要。

2. 政策性租赁房屋的占有一般只能取得租赁使用权

香港存在这样的情况，当批租产权人将产权转让给他人时，可能的一种方式是：出租人向完全业权人缴纳费用，承租人一次性将租期内全部费用支付给出租人。这种情况下，若承租方履行合同后遗失证据，取得时效制度保护承租人的制度价值如何发挥作用？这种情况下，出租方缴纳相关费用并不具有对相关不动产的业权的意志。承租人受让的租赁使用权不必缴纳费用也有对不动产的租赁使用权意志。因此，缴费行为对租赁使用权的意志不是绝对的。对业主的权利而言，在占有期间由于收取租金行为显示没有抛弃，而且由于收取租金的行为表示其未以完全所有权收回其租赁的租赁使用权。由于在先的租赁关系，不能推定或拟制为抛弃，依据禁止反言的原则，不能以完全所有权收回其租赁的租赁使用权，因此取得时效租赁权利时效占有人只能填补原租赁人的意志空间。也就是说取得时效的租赁使用权虽然是就权利或利益而言，但也是在原契约限定范围内的，因此同样不得违反。这一意志空间，包括原租赁关系中的权利和义务关系。因此，虽然不是合同的转让，但是合同权利义务（或者合同主体身份）的取得。

内地法律中没有批租产权，往往按期缴纳房租，但可能存在长期占有他人承租房屋并代替缴费情形。这种情况下，租赁使用权的财产性和可占有性使其具有物权化的特点，笔者认为具有时效取得承租权的可能。对具有必要租赁条件的，占有人应符合相应条件，否则应不具有善意。理论上，在占有人不缴纳租金，且没有他人缴纳租金时，占有人可能存在对房屋以所有权人的意思占有和使用的可能，但笔者认为，基于房屋的登记性质，占有人不具有善意，因此仍不能以时效取得所有权，同时不是对租赁“物”权的占有，也不应取得租赁房屋所有权。

3. 政策性房屋租赁权取得时效也应通知原承租人

对物权的登记、实际控制、缴费行为对租赁使用权的意志都只能是相对的。对原承租人缴费而言，由于其行为并非公开的持续行为，并不易被觉察，以此作为反驳取得时效意志的理由并不恰当，但是，既有注册又缴费和持续控制比较而言也难以不支持管有的非正当性。在具备注册制度等多重资讯表达产业关系的复杂情况下，即便不是所有权受到质疑也存在注册的假租赁使用权受到质疑。因此，在取得时效制度与所有权的正当性受质疑的背后，事实上是所有权或租赁使用权的资讯表现形式的质疑。在非租赁使用权注册制度下，管有占绝对地位时，取得时效得到充分支持是合理的。但是，在租赁使用权注册制度下，如果仍然完全支持管有则不具有合理性，也就不具有正当性。如果租赁使用权注册制度下，租赁使用权经过注册，而原租赁使用权人持续的缴费行为，自然并不能否认承租人受转让的租赁使用权。因此，注册租赁使用权制度下，时效占有人主张时仍应通知缴费人。在非注册租赁使用权的制度下，管有得到支持。英美法在近年主张租赁使用权注册就是将权利外观进行更加恰当的梳理。自然的管有和占有作为复杂制度体系下的权利外观，在所有权产生时就已经处于被挑战的状态，因为，所有权发挥其返还请求权的回复作用，才是所有权机制的价值，否则与占有和持有无异。而所有权和持有的分离必然要使持有的权利外观居于次要地位，以给所有权以必要的空间。这是近代依靠个人决策资源有效利用并成为调配社会资源基础的时代的必然。

4. 取得租赁使用权后应受租赁合同约束

承租人的租赁使用权利之所以能够被时效取得，是由于其意志在可信的范围内被拟制为抛弃。而业主的权利，在取得时由于收取租金行为显示没有抛弃，而且由于收取租金的行为表示其未以完全租赁使用权收回其租赁的租赁使用权。由于在先的租赁关系，不能推定或拟制为抛弃，依据禁止反言的原则，不能以完全租赁使用权收回其租赁的租赁使用权，因此取得租赁权利时效占有人只能填补原租赁人的意志空间。也就是说因时效取得的租赁使用权虽然是就权利或利益而言，但也是在原契约限定范围内的，因此同样不得违反。这一意志空间，包括原租赁关系中的权利和义务关系。因此，虽然不是合同的转让，但是合同权利义务（或者合同主体身份）的取得。因此，可以通过合同约束所有权和时效取得租赁使用权双方，也可以依据与租赁合同相关规范约束双方。

（七）共有财产

共有与取得时效的联系，包括两个方面：其一，共同占有取得时效，归共同占有人共有；其二，共同占有一个共同占有人所有财产或数个部分共有人共有财产后依据取得时效由全部共有人共有。

就第一个方面，澳门地区《民法典》规定了共同占有人之取得时效。[①] 笔者认为，共同占有人之取得时效符合取得时效一般规则，

① 《澳门民法典》第1216条规定，共同占有人中之一人因取得时效而就共同占有之物取得权利者，亦惠及其他共同占有人。

其区别于一般取得时效之特点是将占有人由一人转变为数个共有人，数个共有人有共同占有的可能，因此可以时效取得。

就第二个方面，在内地农村地区从夫居妇女因时效取得与夫家共同占有的夫家土地承包经营权情况下也有实际意义。占有人以与他人共有的意思占有的财产是其他共有人财产，因此属于他人财产。以所有的意思占有的行为在共同劳动、共同生活过程中，已经被其他共有人认可。通过取得时效，从夫居妇女取得了共有财产权。从夫居妇女，也可通过取得时效成为共有人之一。

二、集体土地

集体土地是取得时效制度的客体。《宪法》第10条规定了我国土地公有制的国家所有和集体所有，《民法典》第249条、第250条、第260条，《土地管理法》第2条进一步对土地的国家所有和集体所有做出了明确规定。从以上制度看，土地所有权的主体包括国家和各集体经济组织。尽管《民法典》中没有关于取得时效的规定，但是在实践中也不乏先例。比如说原国家土地管理局在1995年颁布的《确定土地所有权和使用权的若干规定》（1995年3月11日国家土地管理局［1995］国土籍字第26号）第21条规定指出，“农民连续使用其他农民集体所有的土地已满20年的，可视为现使用者所有”。这一规定明确取得的权利具体就是土地所有权。需要强调的是对“现使用者”作何理解。因为现使用者的使用一般是其集体经济组织有组织或允许的行为，所以其使用既是集体组织成员的具体使用，又是集体组织成员代表的集体组织使用。非其集体经济组织有组织的行为，使用其他农民集体经济组织所有的土地的主体是农民个人，由于内地土地是公有所有制制度，则不能取得所有权。但此时，可依取得时效取得土地承包经营权的规则考量是否可取得土地承包经营权。

三、国家所有财产及权利人不明物

（一）国有公产不应适用时效取得财产

有学者认为国有财产保护是内地取得时效制度难以存在的关键原因，例如，王家全认为，取得时效保护法益的法价值冲突，不契合中国国情。[①] 有学者明确指出，国有财产面临着被市场化的问题。[②] 但也有学者否定国有财产保护与取得时效冲突是取得时效立法障碍的观点，就尹田的记述，取得时效被否定“不是基于观念上的原因，而纯粹是基于立法技术上的原因”。意指法学理论上对取得时效制度的基本一致，包括国有财产保护和脱手物适用取得时效问题，只是为保证草案的顺利通过而主动放弃可能在投票人看来不恰当的条款。无论如何，国家财产保护是内地取得时效制度考虑的重要因素。

在取得时效适用上国家财产应视其性质不同而区别对待。有学者认为，国家直接控制的专有物，如土地、森林、矿藏等，不仅不能适用取得时效，而且诉讼时效也不适用；而国家间接控制的委托法人管理使用的财产，如果不适用取得时效，实体权利不受丧失的限制，导致经营管理者对国家财产没有义务感和责任心。该观点强调，在内地现行的法律制度下，恰恰是大量的国有资产被管理者

① 王家全：《取得时效在我国的立法困境》，载《贵州师范学院学报》，2014年2月，第27页。

② 参见张建文：《社会转型与国有财产制度的变迁——以公产、私产区分的国家财产理论为视角》，载《长白学刊》，2005年第5期。

（不经意）地闲置和浪费着。不适用于这些财产，这不仅不利于国有资产的利用和保护，而且与我们建立时效制度的初衷也是相悖的。[①] 笔者赞同他利用和保护国有资产的目的，但时效取得的适用并非使有关部门更好地利用和保护国有资产的唯一途径。而且，在公共利益上发挥公共服务功能的公产和国家经营活动的公产则有显著的不同，因此仍需要区别。公物虽然由国家及地方政府、公共团体管理，但是其相关权利属于公法上的权利，与国家对于国有企业的权利应明确区分。[②] 当国有资产用于公用时，法律上需要对其特别限制，以保证其使用符合公共目的；同时又应予以特别保护，以保障其能够持续服务于公共目的，而当国家资产用于国家的经营活动时，此时的国家是私法主体，或民法观念上的国家，此时的国有财产与私人所有的财产应平等地适用私法规范和调整。[③] 另外，国有档案作为国有财产，其特殊的法律属性，更接近于发挥公共服务功能的公产。[④] 国家所有权属于公共所有权的基本类型，其本质上属于国家为完成国家所负担的公共任务而作出的一种相似但不相同于私人所有权的制度安排“所谓的相似是指国家所有权的制度上源自传统的私人所有权制度，但是相似并不等于相同”这是由国家所有权制度的公共性所决定的。[⑤]

---

① 参见冯忠明：《取得时效制度问题探讨》，载《法学杂志》，2005 年第 4 期。

② 参见周刚志：《公物概念及其在我国的适用——兼析〈物权法草案（征求意见稿）〉相关条款》，载《现代法学》，2006 年第 4 期。

③ 参见王克稳：《论国有资产的不同性质与制度创设》，载《行政法学研究》，2009 年第 1 期。

④ 参见张建文：《公物法视角下的国有档案所有权解读》，载《北京档案》，2010 年第 1 期。

⑤ 参见张建文：《转型时期的国家所有权问题研究》，法律出版社，2008 年版，第 2 页。

因此，内地立法应当将国有财产区分为公共国有财产和普通国有财产，前者相当于传统大陆法系国家中的国家公产，后者相当于传统大陆法系国家中的“国家私产”，二者分别享有不同的法律地位。国家公产应当严格保护，原则上不得私有化，不得强制执行，国家虽然享有对公共财产的所有权，但是国家对之的管理和处置遵循严格的公共用途限制和行政法的制约；后者享有民法上的交易物的法律身份，可以由国家按照私法的方法进行占有、使用、收益和处分，也就是所享有完全的民法上的所有权[①]。因此，国家公产不得作为取得时效的客体。

（二）国有私产适用时效取得

对国有私产，在民法上应遵守民法一般规则。但基于其公共利益，而非基于国家有关委托管理者的管理能力的考量，也有特别保护的必要，可以成立特别的立法政策。香港对此本来是以英国为蓝本进行的立法，但因为英国法例（及其诠释）有特定的规定，其必须符合多项欧盟公约和条约。因此，香港要求取得逆权管有的时限期，涉及私人土地的应为 12 年，而涉及政府土地的则应为 60 年。[②]本研究在本章第三节对此将有明确论述。

（三）权利人不明物应适用取得时效

权利人不明物包括权利人不明的不动产和所有权人不明的动产，即脱手物。不动产除在适用取得时效时，上述内容已经考察了登记的情况，本部分考察的是与国家对权利人下落不明不动产取得的特别关系。这也对应于动产中的脱手物。根据《民法典》相关规

① 参见张建文：《转型时期的国家所有权问题研究》，法律出版社，2008 年版，第 9 页。

② 香港法律委员会，《关于逆权管有的报告书》，2014 年，第 126 页。

定，拾得漂流物、发现埋藏物或者隐藏物也参照拾得遗失物的规定，因此重点论述遗失物适用取得时效的条件。

1. 权利人不明物应适用取得时效优先的原则

有学者认为所有权人不明物的归属应当从所有制制度层次进行分析。E. A. 苏哈诺夫认为，“引入该范畴的必要性可以由国家[①]（公共）所有权的优越地位的丧失来解释，在此以前，按照1964年苏俄民法典第143条的一般规则，无主物归国家所有”为配合政治制度改革和市场经济国家的建立，重新承认土地等私法上的权利和产权的重新划分和配置，导致取得时效制度在俄罗斯的司法实践具有较强的特殊性。[②] 这凸显出所有权人下落不明的财产收归国有的是以国家所有权的优越地位为前提的，此种设置明显与民法中权利主体地位的平等性冲突，也有宪法层面的基本所有制的公法制度和民法层面财产权属变动的私法制度混淆的嫌疑，难脱意识形态化嫌疑。因此，内地需要考虑权利人下落不明物归属与时效取得的联系，基于《澳门基本法》第七条的设定，[③] 对澳门同样也需要重新考虑这一问题。根据澳门《民法典》第1993条的规定，无人继承遗产归澳门特区所有。那么，将来桃花岗类取得时效案件土地的所有权只能收归澳门特区所有。国家取得权利人不明物，应当考虑国家或公共利益与占有人利益以及原所有人利益之间的关系。在国家保护

① 参见齐睿：《取得时效制度研究》，黑龙江大学2011年硕士论文，转引自尹田：《论物权法规定取得时效的必要性》载《法学》，2005年第8期。

② 参见曾凡昌：《当代俄罗斯取得时效制度的立法与实践以及对我国立法的启示》，载《河南财经政法大学学报》，2013年第4期。

③ 《澳门基本法》第七条规定：“澳门特别行政区境内的土地和自然资源，除在澳门特别行政区成立前已依法确认的私有土地外，属于国家所有，由澳门特别行政区政府负责管理、使用、开发、出租或批给个人、法人使用或开发，其收入全部归澳门特别行政区政府支配。”

公民利益的原则下，国家或公共利益优先于占有人及原所有人利益制度设计应有充分的理由。

有一些学者曾提出建议，认为可以将该项占有物视为无主物，收归国有。王利明认为，这种看法显然是不正确的。因为，一方面这种做法实际上是用公权力严重地、不正当地干预了民事关系；同时由于某人实际上已经对其事实上行使权利的状态形成了一种权益，对这种利益予以没收，与内地法律保护公民、法人合法权利的宗旨是相违背的。另一方面，由于某人事实上行使所有权的各项权能，已经形成了一种稳定的事实状态，并构建了一种新的财产秩序。如果要将其占有的财产收归国有，实际上也会破坏现有的财产秩序，损害第三人的信赖利益。所以，取得时效对于确定产权归属方面的作用是其他制度不可替代的。① 季秀平认为：在现实中，存在着大量的遗失物、漂流物、埋藏物或隐藏物等。将大量的遗失物、漂流物、埋藏物或隐藏物上交国家，不仅其管道不畅，而且也不利于物尽其用。这与世界各国民法所确立的动产“社会主义”原则，明显不合拍。因为，内地虽然实行公有制，国家立法规定无主物归国家所有，但国家保护私有财产，因此需要在国家保护的私人利益和国家利益间做出明确规定。

对原权利人而言，因为利益相关，或者其他因素，在不关乎其他利益的情况下，个人可以收回在一定时间内丢失的财产，但权利人不明物归国家的制度设置，显然比归占有人的取得时效的制度设置，于原权利人更加不利。在形式上，取得时效是私权法制度，国家作为私权主体适用并非不可，但需要对是否已经为其占有提供证

① 王利明：《建立取得时效制度的必要性探讨》，载《甘肃政法学院学报》，2002年第1期。

据。而权利人不明物归国家所有，也应当是私法制度，而按照主权原则行使其公权力则有失公平。

在取得时效制度下，占有人在占有财产上具有占有利益，如果国家收归国家所有，就难以保障占有人的利益。在不涉及确定的公共利益时，如果既可以作为国家公用性财产和资源性财产，又可以作为营利性财产[①]则应明确规定收归国家所有。

国家与个体对财产的力量不平等。国家应当在收归国有的问题上保持谦抑。应当认为，与取得时效制度之间，收归国家所有只可以作为取得时效次选或辅助途径。具体而言，国家在收回财产时应当符合不主动提出和不与私主体竞争的原则。由此，就类似澳门桃花岗案涉讼地块，内地立法应采取的处理方法是：因地上权归摊贩所有，无合法占有人，应归国家所有。

2. 遗失物适用的条件

关于遗失物的概念，依理论界较一致的说法，指动产的所有人、占有人因主观上疏忽或自然原因致失落它处而失去控制的物品。遗失物须为动产，其中包括实定价值的动产（如现金、金、银、饲养动物等），拟定价值的动产（如有价单据、存折等），主观价值的动产（如对本人有价值的纪念品、有用物等）。但是，因为所有权人对所有权的抛弃而变成遗弃物，拾得人是不能十分确定拾得物是遗失物还是遗弃物。

从各国遗失物制度的规定及发展趋势来看，无人认领遗失物的归属大致有四种模式：一是罗马模式。遗失人丢失其物后，只要没有经过消灭时效，无论何时都可向拾得人提起占有物索回之诉，拾

① 参见黄军、李琛：《国家所有权的分类立法分析》，载《理论月刊》，2005年第5期。

得人在返还原物的同时可根据无因管理的规定，要求遗失人返还费用。二是普通模式。拾得人可附条件取得拾得物所有权。德国、日本、美国等采用该模式。三是法国模式。海上的遗失物及湖上的遗失物都属于国库所有，沿海的遗失物的1/3属于拾得人，陆上的遗失物以属于拾得人所有为原则。四是中国模式。《民法典》第314条规定了拾得遗失物应当返还权利人，并规定拾得人应当及时通知权利人领取，或者送交公安等有关部门。遗失物自发布招领公告之日起一年内无人认领的，《民法典》第318条明确规定为归国家所有。《民法典》否定了拾得人可附条件取得遗失物所有权的权利，而规定拾得遗失物应归还失主，遗失物在发出招领通知经过一定期限无人认领的，归国家所有。

拾得人可附条件取得遗失物所有权的模式，是主流模式，优点在于：首先，物是社会财富，服务于社会需要，满足于人们的社会利用。其次，无人认领遗失物收归国家所有是不经济的，不利于财产的有效利用。应设置一定的机构履行接受无人认领遗失物的职能。再次，规定拾得人报酬请求权是一种激励，但规定拾得人附条件所有权所起的激励作用就更为强烈、更为彻底。因为无人认领的遗失物要么归政府所有，要么归拾得人所有，从归属上讲，对遗失人都是一样的。若规定无人认领的遗失物归拾得人所有，就会激励拾得人报告拾得遗失物的事实，将更有利于失主寻回其物。最后，根据先占制度，拾得被遗弃物的人本应取得该动产所有权，但一旦进入拾得物公告找主程序，这两类动产很可能被视为无人认领的遗失物而归国家所有，此时，“国家”剥夺了拾得人的所有权，这对拾得人而言依然是不公正的。

所有权人下落不明不动产与遗失物的不同在于物的不动产特

点，其难以被丢失，因此只是所有权人下落不明。动产一般具有价值较低、便于隐藏的特点，常是消耗品，因此对于遗失物，除了考虑权属划分的问题，还要考虑激励拾得人对遗失物公开、保管等问题。因此，需要考虑遗失物资讯的公开、无人认领后的归属、认领遗失物时对保管人的补偿等问题。取得时效制度则能发挥这一作用。从《民法典》对拾得物的制度设计上看，拾得人都不应是客观自主占有，其自主是主观上的。这种情况下，只有在公告基础上才可能认为是善意的占有。

对于拾得人附条件取得遗失物所有权仅有时间限制还不充分。遗失物有的价值较低，也有的价值较高。价值较高的遗失物，权利人需要较长时间才可能丧失权利意志。因此，应对遗失物依价值进行评估，以分别确定公告和取得时效条件。判断无人认领的遗失物归国家或是拾得人所有。

对于法律中规定的军用品、历史文物、违禁品如枪支、弹药，拾得人应及时送交接受管理遗失物机关，无论是否为有主物，都应归国家所有。其他物品，可以登记后经一定时间依据取得时效制度归拾得人所有。

这样，基于占有的秩序属性和利益属性。国家应当保护利益和秩序。但基于对所有权人的保护，可能属于遗失物的遗弃物占有必须按照遗失物经过公告，经过时效才能取得。拾得人也可以放弃占有，此时国家应有管理的义务，并在取得时效制度优先的前提下取得物的所有权。

四、盗抢物

在一个相对文明安定的时代，盗贼不能以时效取得被盗物已是当然之理，问题在于通过正常交易从盗贼手中取得物的人能否以时效取得该物？容忍赃物的恶意买受人的行为对于盗窃行为无疑是一种间接的鼓励。为了遏制原发性的犯罪行为，就必须打击派生性的犯罪行为，这是刑事政策学中的一条屡试不爽的真理。所以在我国刑法中，为了遏制盗窃，对以超乎寻常的低价买受物的人，推定为知晓其为赃物而买受之，亦使其承担刑事责任。罗马人肯定面临我们今天同样的问题并作出了同样的处理，在我看来，共和晚期的这三个立法禁止盗窃物、抢劫物的第二占有人以时效取得这些赃物，目的无非在于进一步遏制盗窃和抢劫行为。如此，诚信悄悄地从对第一占有人的外在行为的要求转变为对第二占有人的内心状态的要求。

最后，到了优士丁尼时代，还经过一个为我不知的转折，这些赃物的第二占有人即使为诚信，也不能以时效取得它们，因为法律关于被盗物和抢劫物的规定，已经从关乎行为人的行为本身演变为关乎行为的对象。人们塑造了“标的适格”的取得时效完成要件，根据它，被窃物和被抢物不能被任何人以时效取得（I. 2，6，3），因为它们成了有污点的物，除非通过回到原所有人手中洗清污点，不能成为取得时效的标的物（I. 2，6，8）。严格说来，诚信的第二占有人并非一定能以时效取得赃物，因为取得时效之完成，除了要具备主观诚信的要件外，还必须具备正当原因的要件。这是一个在古典时期才出现，晚于诚信并用来限制诚信的要件。（Cfr. Volterra, op. cit. , p. 403. ）它是允许适用时效取得的法定情形，只有 7 种（作为买受人、作为继承人、因赠与、对抛弃物、因遗赠、因嫁资、为自己），这种情况之所以出现，乃出于对两个考虑的折衷：第一，促进交易；第二，反对形式主义。

知道是盗抢物或许也不符合主观诚信的条件。原因作为取得时效要件的确立，进一步确证了此时的罗马法已把取得时效中的诚信理解为第二占有人的主观诚信。同时它也带来了这样的问题：如果占有人就原因发生错误，即把不正当的原因当作正当的，他能否完成时效取得？由此发生所谓的假想的原因（Titolo putativo）之问题，例如，自认为已购买某物实际上并未购买的人，是否能作为买受人完成时效取得？这一问题在罗马法学家中引起了争论。乌尔比安和保罗持否定说；内拉蒂、阿富里坎、尤里安持肯定说。[①] 尤里安认为，只要买受人对原因的认识错误有正当理由，他就可以以时效取得买受物（D. 41，4，11）。优士丁尼在《法学阶梯》中采用了否定说（I. 2，6，11），以图保持“诚信”与”正当原因“两个取得时效构成要件的并存。如果承认假想的原因，则正当原因的要件可以取消，只使用主观诚信的要件就够了。现代民法就是这样做的，如此将导致取得时效制度适用的扩张，并淡化其弥补法律行为形式缺陷的最初功能。尽管如此，罗马法学家对原因的错误的讨论，开启了关于主观诚信的错误说。

第三节　期间

时效期间具有推论权利人权利意志终绝、占有人权利意志正当的作用。人的权利意志的强弱并不易衡量，一般规律是权利人遗忘的越久，其对权利的意志越微弱。如果经过较短的一段时间后，权

① 参见［意］彭梵得：《罗马法教科书》，黄风译，中国政法大学出版社，1992年版，第225页。

利人从遗忘的状态重新记起，则说明其仍有相当的权利意志。占有人长期占有，首先可能是占有人仅是产权或交易过程存在瑕疵，而权利人也认可了占有人的权利，从而与占有人的占有不起纠纷；其次，就是财产对权利人意义小，被遗忘了，这时占有人可能知道确定的原权利人，也可能不知，但一定是认为原权利人已经抛弃了财产。若权利人仍有权利意志，前后两种情况都会破坏占有的和平情境。但这仅仅是一种推论，时间越长，结论的可靠性越大。虽然时效期间长度并无定量的依据，但是时效期间在取得时效其他因素确定后的长短关系可以定性。

一、影响取得时效期间长度的相关因素

绝大多数国家及地区立法以及学界都普遍认同，动产时效期间比不动产短，原因主要是动产一般价值较低，亦消耗。而不动产价值较高，也因此法律上创设了登记制度对权利人权利予以强大保护。流转便利、容易隐藏并非动产取得时效期间较短的原因，尽管可能使得权利人因此而妥协，放弃其权利的追索，但并非自愿。不动产价值较高，不能移动，且其价值具有保值和增值性，因此，较短时间的放任管理难以判断为抛弃权利。《瑞士民法典》第 661 条和第 662 条分别对登记不动产取得时效、未登记不动产和登记不动产经公示催告后取得时效分别予以规定为 10 年、30 年和 30 年，笔者分析认为，这一方面体现出未登记不动产，依然具有不动产的上述特点，同样应具有较长的取得时效，另一方面也体现出，对登记公信制度的宣导和推动。但瑞典在登记取得时效制度上借鉴的是德国的立法，与之匹配的是两国善意取得制度都不适用于不动产，瑞典以不动产登记取得时效来保护交易安全，而内地在善意取得制度上已

经包括不动产，已经取代了此条在不动产交易中的价值。从《德国民法典》第900条和第927条比较看，不动产登记取得时效和不动产经公示催告后取得时效时间都是30年。笔者认为，一方面德国登记制度发达，公民登记习惯较好，从而不会发生登记不动产善意取得情况，另一方面就是未登记不动产，和登记不动产应具有相当长的时效期间。未登记不动产相比登记不动产而言，其受登记制度保护情况不同，但不意味着在取得时效制度上也不必受到保护，况且内地农村土地承包经营权等不动产是登记对抗制度，国家也鼓励登记。事实上，土地承包经营权等不动产只是因环境不同而造成的管理方式的变化。因此，不动产登记不能影响时效期间的长度。对价值较高的动产，也应当以不动产的取得时效期间保护权利人。

如上所述，海外立法例中，较多以善意和恶意区分时效期间的方式。笔者认为，善意不是缩短时效期间的理由。善意既包括交易程序瑕疵造成的占有人和权力人分离，也包括他人处分导致的、脱手物等多种情况。而且，还可能存在登记权利人与出让人不一致等复杂情形。只有在程序瑕疵情况下，以较短的时效期限才比较恰当。推定善意、占有人指定的出让人证明、通过登记资讯核查占有人善意都不能保证占有人的正当性和原权利人权利意志已经终绝。而取得时效情况下与其他诉讼情形不同，不能确认占有人善意的依据与占有之间的联系，也就是说，占有人可以将占有物相关的其他证据作为证明善意的依据。因此，无论是否存在明确的依据，取得时效的善意只能是一种推定。这样，就不能准确评价占有人的正当性和原权利人权利意志已经终绝，只能依据时效期间来通过时效期内是否和平占有来说明。因此不能以善意作缩短时效期间的理由。有学者认为，善意的作用在于，在动产取得时效中规定善意一个更短的期间。[①] 笔者认为，对时效期间以善意较短恶意较长的区分，可以说是缩短时效期间的一个借口。值得赞同的是，在时效占有人自证善意但非推定善意的基础上，推定时效占有人善意需要更长的时效期间。应当进一步明确的是，推定善意的时效期间更长，而非自证善意的可以缩短。当然，取消善意要件会给实务工作带来不小的便利，善意与时效期间、和平、公开等要求比较在实务中作用可能并不突出，但是善意也会给社会带来很大的道德引导功能。虽然依靠善意要件而得到权利保护的情况可能是少数，但正如在私法机关解决的案件是生活中的少数一样，在多数部分也发挥着不可估量的作用。在审判相对灵活的英美法系，美国的逆权管有实务中遵循了善意[②]就是对善意重要性的典型例证。

在占有动物情况下，应规定一个足够短的期间。一般说，动物的占有人在管理动物前提下动物才能安全活下来，否则动物可能会饿死、甚至遭遇不安全。而通常情况下，动物死亡之后的价值与活体有本质的不同。对权利人而言，尤其是对宠物的权利人而言，对动物生存的希望很大，甚至可能超过由其所有的意志。较长的时效期间，可能降低占有者管理动物的意愿，不仅是不人道的，对一些可能具有伤害性的动物而言对公共安全也不利。因此，其时效期间应足够短。对于具有一定价值，又依赖管理、维护的物品，如部分文物，也有适用较短时效期间的必要。

在占有国有财物情况下，考虑到国有资产保护、资源保护作为

---

① 参见温世扬、廖焕国：《取得时效立法研究》，载《法学研究》，2002 年第 1 期。

② 参见［美］约翰·G. 斯普兰克林：《美国财产法精解》，钟书峰译，北京大学出版社，2009 年版，第 442 页。

时效期间的法律政策。可以给出较长的时效期间。

二、时间的划定

不动产类的取得时效期间，内地在《确定土地所有权和使用权的若干规定》中已经规定了20年的类似取得时效期间。相对集体而言，个人的管理一般更有效率，也更及时，因此结合参照国外立法例，尤其台湾地区“民法”第770条，澳门地区《民法典》第1219条、第1220条规定，笔者认为集体土地所有权由其他集体经济组织时效取得的时间为20年；土地承包经营权、宅基地使用权与建设用地使用权等取得时效期间参酌我国台湾地区立法经验，时效占有人自证善意时为10年，推定善意时20年较为恰当。

动产所有权取得时效期间，应短于不动产。参照不动产时效期间，并参照国外立法例，尤其台湾地区“民法”第768条，澳门地区《民法典》第1223条、第1224条规定，笔者认为动产所有权取得时效期间为5年较为恰当。

动物取得时效期间，可参照的立法例较少。苏格兰政府法案1982（the Civic Government（Scotland）Act 1982）第74节,① 我国部分地区也出台了宠物管理的相关地方性规范，如《上海市养犬管理条例》第35条规定了视为无主犬只的天数是收容后的30日。② 鉴于此，可将动物取得时效期间规定为30日。

---

① 苏格兰政府法案1982第74节规定：不仅是流浪狗包括其它宠物及牛、羊、马、猪等家畜被他人收容两个月后可拥有所有权。

② 《上海市养犬管理条例》第三十五条：收容的犬只自被收容之日起三十日内无人领养的，视为无主犬只，由犬只收容所按照国家和本市有关规定处理。

国有财产取得时效，参照香港地区《时效条例》第7条，(1)①该法第六节第一段规定，申请人逆权管有国有财产（第13款情形）为期60年后，可以申请注册。笔者认为其取得时效期间为60年较为恰当。

对于城市闲置的土地，以及农业用地撂荒土地，应以公共利益制定特别的立法政策。笔者认为，闲置及撂荒的期间加倍计入取得时效期间，且占有人无论是否明知权利人权利意志，都应依善意对待。

文物（除特指为需要即使管理的以外）一般价值较高，不仅具有保值功能，而且具有文化意义，其取得时效期间应较长。笔者认为，参照集体土地所有权的取得时效期间较为合理。

第四节　公示催告及通知

取得时效制度中，公示催告及通知权利人是为保护权利人权利，检验占有人善意为目的而设置的重要程序。公示催告及通知相关权益人是为保护其权益，对占有人取得不利，但最重要的是确认占有人的善意和登记权利人是否仍具有权利意志。依据内地《民法典》第232条、第333条、第349条，登记公信力正常情况下能反映真实的权利，值得保护。登记公信力能够说明没有其他依据的占有人非善意；占有依据，如买卖合同，往往也能说明登记权利不足以对

① 我国香港地区《时效条例》第7条（1）规定，自有关诉讼权在官方方面产生的日期起计满60年后，官方不得提出收回土地的诉讼；如该诉讼权最初在某人方面产生，而官方是通过该某人而申索的，则官方亦不得在该诉讼权在该人方面产生的日期起计满60年后提出收回土地的诉讼。该制度参照了英国目前有效的《2002土地登记法》Land Registration Act 2002，Schedule 6，Paragraph1。

抗占有人的善意。只有登记权利人出现，才能进一步辨明。其他的相关权益人与占有人之间在取得时效上应当处于何种关系，只有相关权益人出现，才能进一步辨明。

一、公告

1. 遗失物

脱手物中，以暴力形式，即盗窃、抢劫等形成的被各国普遍排除于取得时效制度之外，主要目的是维护基本和平秩序。笔者认为，从意志理论分析，人们对和平秩序的普遍需求形成了对暴力形式的普遍反对，因此排除其适用取得时效是正当的。非以暴力形式形成的脱手物即为遗失物。

我国《民法典》第314条规定了拾得人具有及时通知权利人领取或者送交公安等有关部门的义务。[①] 通常，拾得人难以通知到所有人，只能送交相关部门。通常只有部分被送到相关部门，而其中的又只有部分被来寻的失主领回。原因在于，所有人、相关部门对遗失物的资讯没有公开，公告就为解决这一环节。取得时效制度要求不论遗失物是否被送到相关部门都应公告，这样才能充分体现占有人公开占有的条件。公告面对不确定的公众，才可能充分说明权利人是否仍要找回遗失物，是否仍具有权利意志。

公告启始的时间，即是公开占有的时间，才可能作为期间开始计算的起点。内地《民事诉讼法》第十八章明确规定了公示催告程序。该法规定，人民法院决定受理申请，应当同时通知支付人停止支付，并在三日内发出公告，催促利害关系人申报权利；公示催告

① 《民法典》第314条规定："拾得遗失物，应当返还权利人。拾得人应当及时通知权利人领取，或者送交公安等有关部门。"

的期间，由人民法院根据情况决定，但不得少于六十日。票据公示催告由法院办理。《最高人民法院关于适用〈中华人民共和国民事诉讼法〉的解释》（法释〔2015〕5号）明确规定，票据丧失后，失票人向人民法院申请公示催告之前，有两个前置程序：一是失票人应首先向银行申请挂失，取得《银行挂失止付通知书》；二是失票人应首先向侦查机关报案，取得《报案证明》。笔者认为，对非一般遗失物而言，并不需挂失，也无需法院通知支付人，因此无需法院办理公示催告，可以由公安机关在专门网站进行公告，不仅方便快捷，成本较低，而且兼具影像，效果较好。该办法已经在新西兰、日本和我国台湾地区广为使用。自2011年，天津机场开通旅客遗失物品网络查询平台，效果良好。

2. 不动产

公告的不动产既包括登记不动产，也包括未登记不动产。不动产公告对应的潜在的权利人，不仅是所有权、土地承包经营权等占有人希望取得权利的权利人，也包括所有因其取得权利可能影响到的权利和利益相关人。下文讨论的通知方式仍限定在登记资讯和占有人主观认识上。本研究第二章分析的澳门地区桃花岗取得时效案件就是对实际使用人的忽视，一定程度上是受到占有人提供的相关权益人范围的限制所致。同时具备占有条件的情况下占有人可能包括但不限于以下几种情况：实际占有人（被委托占有人）、委托（协议）占有人、不同用途实际占有人、共同实际占有人。除委托（协议）占有人外，其他都是实际活动在现场。因此，在对不特定人的公告程序将能够较好地告知潜在所有的相关人。

内地包括不动产登记公告在内的公告制度中，不动产公告的方式主要包括在特定范围内张贴登记公告，在报纸上刊登土地登记公告，在电视或者网络上发布土地登记公告以及前面3种方式的综合运用。法院可依案件性质做不同的选择。可以选择一种或多种，但现场公告的方式应是必选的方式，因为现实占有使用人很可能是不动产权属的利益相关人。从目前来看，由于集体土地所有权登记的宗地绝大多数处于农村地区，农民获得资讯的渠道不同于城市居民，报纸、电视以及网络公告形式覆盖的范围和人口非常有限，难以达到土地登记公告所需要的效果，因此，集体土地所有权登记的公告形式应该以张贴公告的形式为主，而以其他形式为辅。① 即在现场布告，通知在一定的时间内参与诉讼。内地2008年7月1日起施行的《房屋登记办法》第27条规定补发房屋权属证书时，在补发集体土地范围内村民住房的房屋权属证书、登记证明前，房屋登记机构应当就补发事项在房屋所在地农村集体经济组织内公告。该办法第84条规定，办理村民住房所有权初始登记、农村集体经济组织所有房屋所有权初始登记，房屋登记机构受理登记申请后，应当将申请登记事项在房屋所在地农村集体经济组织内进行公告。笔者认为，相关规定仍没有具体表明公告的位置应在相关不动产现场。我国台湾地区《土地登记规则》第68条规定：公告，应揭示于主观登记机关门首之公告处所和申请登记土地所在地之公共地方、或村（里）办公处所。香港2014年发布的关于逆权管有的《报告书》中也明确强调在通知基础上公告的具体场所："该通知应在有关物业张贴一段指定的时间。"② 这一细节有必要进一步明确规定。在以张贴、登报方式发布公告的同时，在网络上发布也将成为房屋权属登

① 参见杜国平、钟太洋：《浅议集体土地所有权登记中的土地权属调查与登记公告》，载《安徽农业科学》，2006年第12期。

② 香港法律委员会，《关于逆权管有的报告书》，2014年，第122页。

记机关发布公告的主要方式之一。

二、通知

公告方式的优点在于面广。但它也有显著的缺点，就是针对性弱。登记资讯中包括部分权利人。而在取得时效案件中，善意的占有人可能明知原权利人是谁。从另一方面看，对占有人善意的确认，也必须了解其是否知道原权利人和可能的相关权利人是谁，尽管占有人应当不认为原权利人仍希望享有权利或仍应享有权利。因此，笔者认为应在取得时效程序中不仅要公示催告，必要时要通知权益相关人。

遗失物附有联络人资讯的情况也存在。还可能通过占有人了解到相关权益人联系方式。国有财产则应当通知代表国家进行管理的相关机构。登记的不动产和登记动产的登记资讯中都是重要的权利人。英国目前有效的《2002 土地登记法》规定，登记员调查产权时，可以调查、询问和通知相关的其他人。[①] 以逆权管有为依据的注册申请应附有载列了所需资料和证据的法定声明。土地注册处在接获申请后，通常会安排该处的登记员视察有关土地，在进行视察之前，会先知会有关当事人。土地注册处如认为擅自占地者相当可能有权申请注册，会根据附表 6 第 2 段向下列人士发出通知：受影响产业的注册拥有人；该产业的任何注册押记的注册拥有人（如该产业属批租土地）；任何上一级注册产业的注册拥有人（如注册拥有人是或可能是一家已解散的公司）；国库事务律师（Treasury Solicitor）；任何已注册为须获通知的人。[②]

---

① 《2002 年土地注册法令》附表 6 第 2 段。

② 《2002 年土地注册法令》附表 6 第 2 段。

2014 年发布的关于逆权管有的《报告书》认为："政府应完善注册业主在土地注册处的记录，规定土地注册处须接受注册业主登记或更改其地址，这样一旦出现逆权侵占的情况，也确实能通知土地租赁使用权人。擅自占地者提出逆权管有申请的通知，以往多是张贴在被霸占的土地上或按土地注册记录的地址邮寄予租赁使用权人，我们认为有关通知书须登记在土地注册处的记录上，让租赁使用权人或有关人士可以查核。[①]《报告书》中还建议："为确保注册拥有人可收到擅自占地者申请逆权管有的通知，该通知应通过以下途径送达：挂号邮件、网上通知、在获认可的报章刊登法定通知。"[②]

从取得时效制度来看，内地的登记资讯也应包含权利人的联系方式，并通过通知的方式即时了解权利意志。

必须申明的是，通知及公示催告的权益相关人并不一定涵盖所有权益人，因此不能因通知和公示催告而缩短取得时效期间的时间。时效期间是由取得时效这种以占有为最大依据的取得方式决定的，时间是占有转变成权利具有正当性的最重要的依据之一。

第五节 取得时效制度与既有主要制度的协调

在任何功能基础上，不可避免地要考虑它的负面功能。对取得时效制度的完整评价，要从功能和破坏正反两个方面衡量。上文虽然能够证明取得时效制度不能被取代，但是仍未能说明这一制度不会与其他制度的功能相抵触。Carol Necole Brown 和 Serena M. Williams

① 香港法律委员会，《关于逆权管有的报告书》，2014 年，第 122 页。
② 香港法律委员会，《关于逆权管有的报告书》，2014 年，第 122 页。

认为，逆权管有不仅不会带来公共利益，而且使所有权制度体系的价值降低："逆权管有引发了很多内在问题。逆权管有对个人财产权的影响是邪恶的。单独一件逆权管有不足以扰乱全国市场，但对于单个业主而言，擅自侵入的不道德行为能够成长成为权力完全是毁灭性的灾难。"① Ackerman W. G.，Johnson S. T. 不仅否认其价值和功能，而且撰文讨论了如何发展一个法律程序以终结逆权管有或取得时效制度。② 诉讼时效、占有、所有权和登记制度是与取得时效制度联系最紧密的制度，它们是否能够协调一致呢？

一、取得时效与占有

占有是取得时效的要件之一，是前提条件。占有不仅是取得时效的前提，也是实际使用具体的物使之发挥效用的前提，因此有辅助使用功能。占有一般不认为是一种权利，但是法律保护占有不受暴力侵犯，因此占有具有维持既有秩序的功能。取得时效制度是在占有的前提下确认所有权。取得所有权就能够对抗原所有权，并行使所有权的各项权能。

在占有不以自己所有为要件的前提下，以他人为所有权的占有，是租赁等他物权制度的基础。如果以他人为所有权的占有转而通过取得时效谋求所有权，则构成对所有权的威胁。因此，取得时效制度可能对租赁和他物权等制度存在不利的一面，间接不利于占有功能的发挥。但是只要租赁和他物权的法律关系主要依赖合同和登记

① （Brown C N，Williams S M. Rethinking Adverse Possession：An Essay on Ownership and Possession［J］. Syracuse Law Review，2010，60（3）：10－33.）

② Ackerman W. G.，Johnson S. T.，"Outlaws of the Past：A Western Perspective on Prescription and Adverse Possession，" 31 Land & Water L. Rev. 79，vol.（1996），pp.

等形式存在，取得时效就不会威胁占有功能的发挥。如果没有这些形式，不仅取得时效，而且所有权制度也会威胁这一制度功能的发挥。因此，占有制度与取得时效制度之间并没有功能上的冲突。

二、取得时效与所有权

取得时效是一种所有权的取得方式，以新的所有权代替旧的所有权，因此可能与所有权制度存在巨大冲突。冲突的核心在于，旧的所有权没有得到应有的法律保护，也即所有权不仅没有发挥自身的救济功能，本身也被取代了。在本研究第一章中，注册业权被逆权管有就突出地显示出这一冲突。但是，如果取得时效的条件得当，使得旧的所有权权利意志存在时不能取得占有物，旧的所有权权利意志不存在时才能取得占有物，取得时效与所有权的冲突即被化解。

上述矛盾化解不能简单依据原权利主体是否存在推定结论。原权利主体是否存在是难以从事实上充分确定的。因为，根据权利的性质，权利主体原则上没有义务向特定人表明自己的存在。而且，公告、通知等形式并不能完全达到效果。因此，总是不能绝对准确地对存在与否给出结论。但是，辅以取得时效制度要件的满足，可以达到接近状态。例如，随着时效期间的扩大，旧权利主体出现的可能性就会降低，旧的所有权权利意志不存在的可能性会加大，只要时效期间扩大到旧权利主体是否存在结论足够可靠，它引起的冲突与产生的价值比较显然微不足道，也可以认为不存在冲突。

财产权制度是市场经济的基本制度，财产权的功能，随着社会发展，越来越体现了从所有到利用的特点。孟勤国教认为，产权制度应当体现财产的利用而不应当是所有。约翰·G. 斯普兰克林将逆权管有重建所有权关系功能区分在逆权管有理论的管理模式、开发模式和效率/人格模式几种情形之下。管理模式认为：不动产转让过程经常会发生一些错误。我们还可以把逆权管有视为弥补微小产权缺陷的有效方法，从而可以保护占有人的产权。开发模式认为，调整逆权占有荒芜、未开发土地的法律是促进经济发展的工具。[①] 进一步地，对于财产的利用，如果从微观上讲，笔者认可开发模式是正当的，但现代可开发待开发地已经不多见。如果从市场的原理出发，则能够理性地得出确定的结论：产权明晰的财产，其可能因市场的资源配置机制而利用的更加充分。可见，功利主义解释的管理模式更具有说服力。取得时效制度通过使财产重新归于市场的这一功能契合了所有权制度的资源配置功能。

在市场经济下，所有权制度是基础。然而，所有权制度做不到完全的正当，经浅陋的分析其原因是，所有权制度产生后正当性观念本身发生了一定的变化。因此，所有权的相对正当性是其存在的基础。易继明认为，取得时效在最初便隐含了在财产权问题上追求妥当性的国家干涉主义价值观。[②] 因此，如果说对所有权制度而言，时效取得制度的确存在着对立，但这并非是不正当的，这只是对所有权制度不正当性的修正。

取得时效是原始取得制度，其道理就在于产生的权属不是源自原所有权，而是在一种自然情形下，在一种没有权属的情形下形成的。因此，取得时效制度不同于其他制度缺失对社会的破坏性和紧迫性——不过是回到没有权属的自然状态，不能支撑市场机制而已，

---

① 参见尹田2005年的《论物权法规定取得时效的必要性》，薛艳玲2008年的《论〈物权法〉规定取得时效制度的必要性》，甘功仁，白彦，丁亮华等2002年的《取得时效制度的适用性研究》，马栩生2005年的《取得时效未来论：价值与实证》等。

② 易继明：《取得时效在民法中的功能》，载《河北法学》，1997年第5期。

尽管市场机制的重要和必要已经成为社会现实，但在生活领域的基本秩序仍然未受影响。

三、取得时效与登记

登记是一种公示公信制度，在产权的归属与流转过程中具有公示功能，并可获得公信力。通过登记制度，能够使所有权得到更有力的保护。因此，取得时效与登记制度的冲突，本质上是与所有权制度的冲突。因此，对登记所有权，取得时效制度需要做出退让，以保证旧的所有权人的利益。如此一来，登记制度与取得时效之间的冲突也能得以化解。

四、取得时效与善意取得

有学者认为，善意取得和时效取得都是以外观主义的形式——占有为基础，只是善意取得要支付相应的对价，可以看成是对取得时效的矫正。这样，善意取得逐渐取代了取得时效维护安全稳定的职能。① 笔者认为，这一观点以偏概全。

善意取得，又称即时取得，指无权处分人将其占有的动产或不动产转让给第三人，受让人取得该动产或不动产时处于善意并支付了相应费用则可依法即时取得对该财产的所有权或他物权。可见，善意取得制度只适用于占有物被转让后的情况。若占有人不转让占有物，而长期占有该物，则不能通过善意取得获得占有物所有权。②若受让人对标的物权利瑕疵知情，也不能通过善意取得获得其所有

① 参见王家全：《取得时效在我国的立法困境》，载《贵州师范学院学报》，2014年第2期。

② 参见周春梅、毛卫民：《取得时效的立法思考》，载《贵州大学学报》1992年第2期。

权。善意取得旨在保护善意受让人的交易安全，而取得时效旨在稳定占有人的实际利益，既能从根本上解决交易安全，又能保护占有人的权益。[①] 另外，传统大陆法系国家大多规定，善意取得的占有物不得是依法限制流通物，如枪支弹药及盗窃物等动产。因此，这部分动产不能通过善意取得制度来解决，取得时效制度仍有存在之必要。[②] 另外，善意取得是对物权而言，原所有权人的求偿权（债权）并没有消失。而即便在转让情况下，适用取得时效，则不会发生债权，取得时效仍有适用余地。鲍尔施蒂尔纳认为，德国民法中动产善意取得制度的确立，导致了取得时效在动产适用范围上的缩减，不过缩减并没有导致替代。[③] 鲍尔·施蒂尔纳说，那个时代，从无权利人处善意取得是不可能的，登记不完整。善意取得使取得时效受到巨大限制，今天只在非典型的案例群中起作用：在遗失物取得的情况下，在由无行为能力人或对无行为能力人进行出让的情况下，一句话，在占有人于继受或原始取得时认为自己为所有权人的所有情况下，其实并非如此。[④] 可见，取得时效制度比之善意取

① 参见孟利民：《取得时效制度存废的价值分析》，载《法律适用》，2005 年第 11 期；董雯婧：《我国民法典设立取得时效制度的必要性探究》，载《福建论坛（社科教育版）》，2010 年第 8 期。

② 参见徐国栋：《客观诚信与主观诚信的对立统一问题》，载《中国社会科学》2001 年第 6 期；徐国栋：《主观诚信概念在中国民法理论中的地位——答王立争先生〈“主观诚信说”若干观点质疑〉一文》，载《政治与法律》，2011 年第 5 期；王利明：《建立取得时效制度的必要性探讨》，载《甘肃政法学院学报》，2002 年第 1 期；董雯婧：《我国民法典设立取得时效制度的必要性探究》，载《福建论坛（社科教育版）》，2010 年第 8 期。

③ 参见甄增水：《取得时效制度在大陆法系中的演变》，载《南京大学法律评论》，2011 年春季卷。

④ 【德】鲍尔·施蒂尔纳：《德国物权法》（下册），申卫星、王洪亮译，法律出版社，2006 年版。

得制度而言具有独特的功能。① 柳经纬也认为，善意取得等制度只是部分取代取得时效的功能。②

笔者认为，善意取得和时效取得不同之处在于，善意取得基于对保护交易的考虑，而时效取得制度出现的原因主要是事实上的利益和秩序需要稳定，占有和善意取得都需要且都不能具有这一制度功能，登记公信形式主义法学是以形式为实际物权的表征，而另一方面也离不开实际物权的独立存在。在现代法学发展中，占有制度等制度的确对挤占了传统上时效取得制度原来的部分适用空间，这体现了法学现代化的专门化趋势，正是这一进程也使得取得时效制度的价值更具有独特性并且难以替代。

五、时效取得与消灭时效制度

现有《民法典》规定了消灭时效制度。《民法典》在第一编总则的第九章诉讼时效专章规定了诉讼时效制度。其中第 188 条规定了向人民法院请求保护民事权利的诉讼时效期间为三年，还规定了二十年的最长时效期间，但也明确规定，法律另有规定的，依照其规定。本条《民法典》在第 196 条规定了，请求停止侵害、排除妨碍、消除危险、以及不动产物权和登记的动产物权的权利人请求返还财产的请求权不适用诉讼时效。

尽管取得时效和消灭时效各自发挥功能，取得时效解决消灭时

① 参见王利明：《建立取得时效制度的必要性探讨》，载《甘肃政法学院学报》，2002 年第 1 期；董雯婧：《我国民法典设立取得时效制度的必要性探究》，载《福建论坛（社科教育版）》，2010 年第 8 期。

② 柳经纬：《关于时效制度的若干理论问题》，载《比较法研究》，2004 年第 5 期。

效的遗留问题的功能理论上不成立。[①] 在《民法典》现有消灭时效制度的基础上设置取得时效制度，仍需要避免两种制度发生冲突。对于一个权利客体来说，一方取得权利，就意味着对方丧失权利。但在两种时效并行的体制下，一方丧失胜诉权利，对方却并不一定能因此而取得实体权利。其二，只要权利人在诉讼时效期间内提出争议，就会阻止取得时效的完成。这就需要在实用取得时效制度时不能适用诉讼时效，一旦取得时效不能取得实体权利，诉讼时效仍应发挥效力。

对于不动产物权和登记的动产物权而言，基于此类物权返还请求权不适用诉讼时效制度，可能出现非善意不能取得。此时，原权利人可以通过物权返还请求权恢复占有。但适用取得时效制度，符合全部取得时效要件的情况下，由于占有人的取得时效适用是衡量所有权的优先顺序并以替代原所有权为效果的，即使适用诉讼时效制度，首先也要以所有权的存在为前提，但是当时效占有人首先提起诉讼适用取得时效时，应当首先审理取得时效法律关系，当认定符合取得时效要件，此时应认为原所有权灭失时，也没有了诉讼时效适用的余地，因此适用取得时效制度，应排除诉讼时效的适用。为便利起见，一些国家和地区的民法典，如《意大利民法典》第948条、《葡萄牙民法典》第1313条、《秘鲁路民法典》第927条和我国澳门地区民法典第1237条都明确规定物权返还请求权不因时效而消灭，但时效取得取得物权的情况不在此限。值得说明的是，在取得时效诉讼提起前，原权利人提起的物权返还请求权诉讼，时效占有人以取得时效取得物权，也应当依照物权返还请求权未因时效

① 参见柳经纬：《关于时效制度的若干理论问题》，载《比较法研究》，2004年第5期。

消灭审理，这样才能体现原权利人与可能的新权利人的平等。

对于一般动产而言，适用诉讼时效，将致使所有物不得返还，而此时占有不具有善意也不能取得所有权。不仅如此，在超过诉讼时效但未达到取得时效期间，所有权人要求取回时，也导致取得时效不再能满足和平占有的要件，同样导致所有权人不能取回，占有人不能取得的情况。客观上，不仅是因为善意要件的设立，而且单是消灭时效设立，都必然会产生取得时效的此种后果，但是相比消灭时效和善意要件的功能，有必要接受此种后果。此时，也可能导致不具有所有权的占有物以所有物流通的情况，经善意取得即可取得所有权。

六、宅基地占用类取得时效与补偿

美国科罗拉多州1148法案允许以郡税务评估师评估的市场价格补偿给原所有人以实际价值以及占有开始以来的税费及利息。① 这一方面反映了效率优先性，另一方面也在一定程度上保障了业权人的利益，较好地兼顾了正当性和公共利益。但笔者认为，大陆法系的取得时效不宜建立针对取得时效一般情形的补偿机制，原因在于英美法系的法官有较大的裁量余地，使司法对立法有较大的运用空间，从而能够避免补偿机制引起更多的纠纷。具体而言，英美法系的法官有较大的裁量余地，可以在符合逆权管有条件但对权利人不公正的情况下以补偿灵活处置，既能维持公正，又能保持业权和逆权管有制度的价值，也未因补偿导致过多纠纷。大陆法系更强调在立法约束下的审判，如果取得时效限制充分，再规定补偿制度就显

① Id. § 38－41－101.

得没有必要。如果对取得时效条件限制较少，再通过立法明确补偿的条件，矫正取得时效制度中的不公正情形，不如在取得时效条件上将取得时效制度中的不公正情形尽量排除。这样，在公正前提下，既不引发补偿纠纷，也能维持法律秩序稳定的目的。

但是，在特别情形下，也应当通过补偿机制予以平衡和调整。相邻一方基于错误的认识，善意地以为是自己基地范围，利用相邻对方的基地建筑，并已经形成一定的规模，此时拆除将出现不合理的情态。占有人的意志，占有并所有的是自己的宅基地，并没有占有并所有相邻人的利益。因此，以时效取得的地块，是基于其错误但真实的意思。而建筑的建成，使得双方意志，认可建筑物占用地使用权利。但这一意志，并不包含占有人侵犯了被占有人的利益，因此，对事实上侵犯了原权利人的宅基地使用权利益，需要补偿占用宅基地所侵害的原权利人的利益。

七、小结

从逻辑顺序看，先有占有，才有所有制度，再有时效制度（取得时效、诉讼时效和消灭时效）、租赁，之后再有善意取得、登记。时效取得就是一种原始取得所有权的制度。它带来的所有权新主体与原主体的冲突，是原始取得功能外必然的副产品，可以随着取得时效期间长短调整使这种冲突减少。这种冲突根本的原因并不在于时效取得，而在于所有权的出现。只要有所有权，就可能出现所有权主体缺位和所有权的冲突（主体冲突）。导致所有权冲突的制度并非少见，最典型的就是合同制度。就性质而言，缺位是主体消极所致，冲突是主体积极所致。在所有权制度发挥功能的价值取向上，积极应当优于消极，因此应当肯定取得时效，看到其对所有权制度的支持作用。如前所述，取得时效的功能并不能被登记和善意取得制度以及诉讼时效等制度所完全取代，它仍将发挥对所有权制度的支持作用。

因此，取得时效是否能够与其他制度协调一致，这本质上是取得时效的条件问题，只要条件设定恰当，就能够较好地协调好它们之间的关系。

结　论

一、取得时效的正当性在于占有人与权利人意志相容

康德以自由意志奠定了现代民法上权利正当性的基础，这也是取得时效正当性的根本原理所在。因为纯粹理性的不可能现实存在，康德批判地否定了纯粹理性，尽管其现实意义须臾不可缺失。财产权利的理性也不仅是普遍性原理，实证法上的财产权利由多种理性原理支撑。所有权的正当性的普遍性原理的本质即是秩序。为什么一定要经过一定的时间，才能产生一种尊重他占有的情绪，这正是为什么人类对于一切在实施上长期存在的东西普遍加以尊敬的根源，这才是真正需要深入研究的重要问题。[①] 但梅因爵士认为这种原始心态绝非法学或法律史学本身所能解决的。[②] 美国社会心理学家亚伯拉罕·马斯洛（Abraham Harold Maslow）认为，“我们社会的大多数成年者，一般都倾向于安全的、有序的、可预见的、合法的和有组织的世界；这种世界是他所能依赖的，而且在他所倾向的这个世界里，出乎意料的、难以控制的、混乱的以及其他诸如此类的危险事情都不会发生。”奥地利心理学家西格蒙德·佛洛伊德

① 参见［英］梅因：《古代法》，沈景一译，商务印书馆，2011 年版，第 143 页。
② 同上注。

(Sigmund Freud) 则认为，“人类神经系统在节省能量和减少精神紧张方面的需要解释了人对于有序生活方式的先天取向，因此对他人暂态兴致、任性和专横的反感情绪正是人追求有序生活方式的深层次心理基础，由此为了追求社会生活的稳定性、连续性和可预见性目标，人们在心理上必然会产生对秩序的需求。”① Jules Coleman 和 Scott Shapiro 则从哲学上解释说取得时效是使原权利人丧失在顺序上的使用优越地位。② 刘清华、王小芬认为，“人们遵守被为社会所普遍承认和接受的社会规范便形成了社会秩序，而客观存在的社会秩序作为一种社会事实必然能够满足人们的需要，成为人们共同追求的价值；社会秩序的存在仰赖其系统内部各要素之间的协调一致，如果个人和群体之间存在协调、稳定和一致的关系，社会秩序就显现出合理、有序的表征，反之社会秩序便会滑向社会失序和混乱。”③ 本人认为，协调、稳定和一致是秩序的要素，符合这些要素，秩序就是合理的，也就具有的正义性。哈耶克认为，“在社会生活中明显存在着一种秩序、一贯性和恒长性，如果不存在秩序、一贯性和恒长性的话，则任何人都不可能从事其事业，甚或不可能满足其最为基本的需求；社会秩序的存在确证了人类有组织社会的基本特征，社会秩序也只有通过一定的价值指引才能实现。”④ 当权

---

① 参见［美］博登海默：《法理学：法律哲学与法律方法》，中国政法大学出版社，2004 年版，第 237 –238 页。

② Leiter B. Law and objectivity ［J］. Oxford Handbook of Jurisprudence & Philosophy of Law, 2002. p772.

③ 刘清华、王小芬：《论刑事政策的价值及其取向》，载《遵义师范学院学报》2006 年第 5 期。转引自曹化：《秩序与自由的碰撞》，华东政法大学 2013 年刑法史博士论文。

④ ［英］哈耶克：《法律、立法与自由》，中国大百科全书出版社，2000 年版，第 63 页。转引自曹化：《秩序与自由的碰撞》，华东政法大学 2013 年刑法史博士论文，第 69 页。

利人权利意志终绝，占有人具有的权力意志就已经成为秩序的一部分。时效取得的权利一如被取得的权利的正当性。

理性不仅表现为秩序，尽管机制是人类社会早就被发现并被有意识地加以利用的理性。作为所有权理论基础的先占就以这种理性为基础。劳动报酬理论、功利主义的传统理论、功利主义的法经济学理论、自由或者民主共和理论、人格理论、自由意志论、绝对命令理论、自然法理论、“绿色财产”运动理论、批判法律研究理论、分配正义理论都代表了实证法上普遍存在的价值和理性。社会生活中人的包含了感性等因素的相对理性就是这些价值的有机结合。在取得时效的理论基础上，他们体现为各种法政策。

财产权利和取得时效制度的正当性，在实证法上应以合法性的形式存在。原因在于价值必须在价值组成的解构之下才能发挥正常的作用，而这种解构正是在实证法里才是现实的。这种解构所具有的动态性，为某特定价值补充原有的机构以适应现实中发展了的社会生活创造了条件。个人意志构成这个解构整体意志的一部分，其不但受理性、知性、情感的影响，还受到实证法、他人意志的影响。意志之间的契合就是合法性所体现的正当性。占有人的意志与权利人的意志、相关权益人的意志、法律所代表的社会全体意志之间的契合即是实证法上取得时效的合法性所论体现的正当性。

二、取得时效制度的改进

取得时效制度的改进有两个目标，第一是更符合正当性或更具合法性，第二是更具有现实问题的针对性。取得时效制度的正当性受到质疑时，其功能难以在现实问题上广泛存在，其价值也难以实现。

取得时效制度正当性的建立在占有人善意地以所有的意思占有财产达到相当长的期限和权利人权利意志终绝的基础上。尽管公开、和平、继续占有一定的期限在一定程度上也说明以上意志情形，但是对权利的保护并不充分。因此，对占有人需具备善意的要件。善意以推定的形式证明，但权利人可以反证。善意是一种认知，因此，主体应具有完全的民事行为能力，除非个别实质上不要求善意情况，比如撂荒的土地承包经营权的取得时效、通行地役权的取得时效等。

集体土地所有权可以由集体经济组织时效取得。集体经济组织在占有土地等行为上往往具有判断是否侵犯其他集体经济组织权利的判断能力，真正实施占有行为的是集体组织成员，具有完全的民事行为能力。土地承包经营权、建设用地使用权等不动产无论是否登记其取得时效都需相同的期间。通行地役权、基地占用问题可以通过取得时效制度解决，并能够和相邻关系等制度有机结合。遗失物在公告的基础上，可以由拾得人时效取得。遗失物、不动产的取得时效应具有公告程序。登记的不动产和动产还应在登记资讯和占有人对权利人了解资讯的基础上通知权利人。

三、取得时效制度是一棵常青树

内地农村地区土地承包经营权流转造成的权属不清，通过取得时效制度可以有效解决，这有利于农业生产的稳定有序展开。进城务工农民宅基地和代耕农等问题也可以借此，尤其是在撂荒地特别制度之下得以解决。从夫居妇女的土地权益问题可以因从夫居妇女在夫家共同生产、生活一定的期限获得土地承包经营权和宅基地及其房屋的财产权。国有财产应分成不同类型，对国有资源类财产应限制取得时效，对国有企业等应当视同私有财产，这样既保护了国有资产，又保护了个人利益，同时使国家管理财产的义务更加具体，实质上促进了国有财产的保护。尤其是对遗失物占有人设定的公告和时效取得制度，较好地平衡了权利人、占有人、国家之间的利益关系。对文物和宠物等特别财产而言，时效取得设定的条件，能解决易损文物和宠物的管理问题，又能较好地顾及到权利人的感受和具体利益。小产权房，符合规划条件情况下，可以通过时效取得制度取得产权。

取得时效制度的改进，体现了世界范围内取得时效制度不断加强权利保护的趋势，而且符合内地法律制度健全、内地法律文化要求，解决了内地现实当中部分热点问题。因此，取得时效制度虽小，但却是一棵长青之树。

参考文献

一、中文著作和论文集

1. 《户部则例》卷7，田赋。

2. 《晦暗斋笔语》，卷1。

3. 《清国行政法》卷2。

4. 《〈典主迁延入务〉判》，宋代《名公书判清明集·户婚门·取赎》卷九。

5. 《雅江新政》（卢见会，光绪二年程度会元堂刊），审单。

6. 陈朝璧：《罗马法原理》，法律出版社，2006年版。

7. 侯利宏：《取得时效研究》，《民商法论丛》第14卷，北京：法律出版社，2000年版。

8. 黄源盛编：《大理院民事判决辑存》（物权编），台北：梨齐社，2012年版。

9. 孔元明等编著：《中国民法史》，吉林人民出版社，1996年版。

10. 李太正：《取得时效之主体与客体》，苏永钦：《民法物权争议问题研究》，清华大学出版社，2004年版。

11. 李显冬：《从大清律例到〈民国民法典〉的转型》，中国人民公安大学出版社，2003年版。

12. 梁慧星：《中国物权法研究（上）》，法律出版社，1998 年版。

13. 梁慧星：《中国民法典草案建议稿附理由·物权编》，法律出版社，2013 年版。

14. 梁慧星主编：《中国民法典草案建议稿》，法律出版社，2003 年版。

15. 蒋月：《夫妻的权利与义务》，法律出版社，2001 年版。

16. 马忆南：《离婚住房分割的法律规则的历史考察——以〈婚姻法解释（三）〉第 7、10、11 条为重点》，载《中国婚姻家庭法学研究会 2012 年年会论文集》（未出版）。

17. 《名公书判清明集》，《卷四·户婚门》。

18. 史尚宽《物权法论》，中国政法大学出版社，2000 年版。

19. 孙宪忠等：《德国当代物权法》，法律出版社，1997 年版。

20. 孙宪忠：《德国当代物权法》，法律出版社，1997 年版。

21. 孙燕京、张研：《民国史料丛刊续编 0087（政治、法律法规：大理院判例要旨汇览（第一卷））》，郑州：大象出版社，2009 年版。

22. 王利明：《中国物权法草案建议稿及说明》，中国法制出版社，2001 年版。

23. 王利明主编：《中国民法典学者建议稿及立法理由·物权编》，法律出版社，2005 年版。

24. 王泽鉴：《民法物权》（通则·所有权），中国政法大学出版社，2001 年版。

25. 王泽鉴：《民法物权》，三民书局台大法学院福利社，2010 年 6 月增订二版。

26. 王泽鉴：《王泽鉴法学全集》（第七卷），中国政法大学出版社，2003 年版。

27. 王作堂主编：（民法教程》，北京大学出版社，1983 年版。

28. 夏锦文主编：《中国传统法律文化研究》（第七卷），中国人民大学版社，2010 年版。

29. 谢在全：《民法物权论》，中国政法大学出版社，2011 年版。

30. 谢哲胜：《财产法专题研究（四）——中国民法典立法》，翰芦图书出版有限公司，2004 年版。

31. 徐国栋主编：《绿色民法典草案》，社会科学文献出版社，2004 年版。

32. 张建文：《转型时期的国家所有权问题研究》，法律出版社，2008 年版。

33. 张俊浩主编：《民法学原理》（上册），中国政法大学出版社，2000 年版。

34. 张中秋：《中西法律文化比较研究》，南京大学出版社，1999 年版。

35. 《周礼注疏》卷三十五。

36. 周枏：《罗马法原论》，商务印书馆，2014 年版。

37. 周枏：《罗马法原理》，商务印书馆，1994 年版。

二、中文论文

1. 白斌：《论法教义学：源流、特征及其功能》，载《环球法律评论》，2010 年第 3 期。

2. 曾凡昌：《当代俄罗斯取得时效制度的立法与实践以及对我国立法的启示》，载《河南财经政法大学学报》，2013 年第 4 期。

3. 陈文学，高圣平：《土地承包经营权流转视野下的土地承包经营权登记制度：困境与出路》，载《学术探索》，2010 年第 3 期。

4. 陈海真、李颖欣、商春荣：《“代耕农”：离乡不离土的农村劳动力转移模式——以广东省博罗县铁场村为例》，载《青年研究》，2007 年第 7 期。

5. 陈庆辉：《逆权管有：最近的变化》，载《香港律师》，2006 年 10 月。

6. 丁关良，陆春明，蒋青：《土地承包经营权转让登记制度的现实困境及对策》，载《上海财经大学学报（哲学社会科学版）》2011 年。

7. 丁亮华：《取得时效制度研究——兼评我国民法典应否建立取得时效制度》，载《私法》，2006 年第 1 期。

8. 董雯婧：《我国民法典设立取得时效制度的必要性探究》，载《福建论坛（社科教育版）》，2010 年第 08 期。

9. 杜国平、钟太洋：《浅议集体土地所有权登记中的土地权属调查与登记公告》，载《安徽农业科学》，2006 年第 12 期。

10. 冯忠明：《取得时效制度问题探讨》，载《法学杂志》，2005 年第 4 期。

11. 甘功仁、白彦、丁亮华：《取得时效制度的适用性研究》，载《现代法学》2002 年第 4 期。

12. 郭宣鉴：《论取得时效制度》，载《中国劳动关系学院学报》，2006 年第 1 期。

13. 胡俊生：《广东代耕农生存状况调查》，载《中国改革（农村版）》，2004 年第 5 期。

14. 胡炜：《物权法对取得时效制度的舍弃》，载《天水行政学院学报》，2012 年第 5 期。

15. 黄军、李琛：《国家所有权的分类立法分析》，载《理论月刊》，2005 年第 5 期。

16. 季秀平：《〈物权法〉未确立取得时效制度之所失及补救》，载《法治研究》，2009 年第 12 期。

17. 李景禧、李连宁：《我国民法需要建立消灭时效制度》，载《中国法学》，1985 年第 2 期

18. 梁慧星：《民法时效研究》，载《法学研究》，1984 年第 4 期。

19. 林旭霞：《取得时效制度研究》，载《福建师范大学学报（哲学社会科学版）》，2004 年第 1 期。

20. 刘飞：《城乡规划的法律性质分析》，载《国家行政学院学报》2009 年第 2 期。

21. 刘清华、王小芬：《论刑事政策的价值及其取向》，载《遵义师范学院学报》2006 年第 5 期。

22. 刘保玉：《刍议物权法草案中所有权取得的若干规定及其完善》，载《法学论坛》，2007 年第 1 期。

23. 刘继强：《山林权属纠纷确权的适用法律初探》，载《林业勘察设计（福建）》，2012 年第 2 期。

24. 柳经纬：《关于时效制度的若干理论问题》，载《比较法研究》，2004 年第 5 期。

25. 龙斯荣：《我国民法需要规定取得时效制度》，载《中国法学》，1985 年第 2 期。

26. 罗楚琼：《我国构建取得时效制度的必要性》，载《三明学院学报》，2013 年第 5 期。

27. 吕维刚：《浅论我国《民法典》不应建立取得时效制度》，载《学术交流》，2008 年第 7 期。

28. 马凯、田亚锋：《论我国取得时效制度的构建》，载《华北水利水电学院学报（社科版）》，2009 年第 4 期。

29. 马栩生：《取得时效未来论：价值与实证》，载《武汉大学学报（哲学社会科学版）》，2005 年第 1 期。

30. 孟利民：《取得时效制度存废的价值分析》，载《法律适用》，2005 年第 11 期。

31. 马永锋：《探讨耕地撂荒问题成因及其对策》，载《中国集体经济》，2013 年第 7 期。

32. 祁秀山：《试论建立适合我国情况的取得时效制度》，载《法学研究》，1985 年第 1 期。

33. 丘国中：《论土地承包经营权中登记的法律效力》，载《哈尔滨学院学报》，2008 年第 1 期。

34. 申群喜、胡波、叶立新、刘立新、蒋先进、麻昌贵、王悦：《珠三角代耕农的生存境况及相关问题研究》，载《云南财贸学院学报（社会科学版）》，2006 年第 1 期。

35. 沈永敏：《取得时效制度存废论——兼评取得时效制度在我国物权法中的缺失与构建》，载《福建行政学院学报》，2009 年第 1 期。

36. 石佳友：《〈物权法〉占有制度的理解与适用》，《政治与法律》2008 年第 10 期。

37. 孙皓：《论消灭时效与取得时效的契合》，载《湖南科技学院学报》，2013 年第 1 期。

38. 孙鹏：《去除时效制度的反道德性——时效制度存在理由论》，载《现代法学》，2010 年第 5 期。

39. 孙宪忠：《当代不动产法评述（九）》，载《中国土地》，1996

年第 12 期。

40. 宋月萍：《婚嫁失地会加剧农村妇女遭受家庭暴力的风险吗？——对中国农村地区的考察》，载《妇女研究论丛》，2015 年第 1 期。

41. 王家全：《取得时效在我国的立法困境》，载《贵州师范学院学报》，2014 年第 2 期。

42. 王克稳：《论国有资产的不同性质与制度创设》，载《行政法学研究》，2009 年第 1 期。

43. 王立争：《恶意失权：取得时效的视角转换与制度矫正》，载《新疆社会科学》2010 年第 3 期。

44. 王利明：《建立取得时效制度的必要性探讨》，载《甘肃政法学院学报》，2002 年第 1 期。

45. 王茂：《基于〈法学阶梯〉的取得时效与善意取得制度分析》，载《神州》，2012 年第 23 期。

46. 王胜明：《物权法制定过程中的几个重要问题》，载《法学杂志》，2006 年第 1 期。

47. 王彦、甄世辉：《取得时效制度研究》，载《河北法学》2004 年第 8 期。

48. 王志雄：《时效制度存在理由——法律合法性路径考究》，载《贵州社会科学》，2013 年第 6 期。

49. 魏文静：《土地规划的法律性质探讨》，载《湖北警官学院学报》，2012 年第 1 期。

50. 温世扬、廖焕国：《取得时效立法研究》，载《法学研究》，2002 年第 2 期。

51. 徐国栋：《客观诚信与主观诚信的对立统一问题》，载《中国社会科学》2001 年第 6 期。

52. 徐国栋：《主观诚信概念在中国民法理论中的地位——答王立争先生《“主观诚信说”若干观点质疑》一文》，载《政治与法律》，2011 年第 5 期。

53. 徐国栋：《主观诚信研究中国学说综述》，载《法治研究》，2012 年第 6 期。

54. 薛艳玲：《论〈物权法〉规定取得时效制度的必要性》，载《北方工业大学学报》，2008 年第 2 期。

55. 尹田：《论物权法规定取得时效的必要性》，载《法学》，2005 年第 8 期。

56. 易继明：《取得时效在民法中的功能》，载《河北法学》，1997 年第 5 期。

57. 张建文：《社会转型与国有财产制度的变迁——以公产、私产区分的国家财产理论为视角》，载《长白学刊》，2005 年第 5 期。

58. 俞梦睿：《我国设立取得时效制度的立法探讨》，载《铜陵学院学报》，2014 年第 3 期。

59. 赵斯昕：《论取得时效制度》，载《工会论坛（山东省工会管理干部学院学报）》，2008 年第 1 期。

60. 甄增水：《取得时效制度在大陆法系中的演变》，载《南京大学法律评论》，2011 年春季卷。

61. 周春梅、毛卫民：《取得时效的立法思考》，载《贵州大学学报》1992 年第 2 期。

62. 周刚志：《公物概念及其在我国的适用——兼析〈物权法草案（征求意见稿）〉相关条款》，载《现代法学》，2006 年第 4 期。

63. 张建文：《公物法视角下的国有档案所有权解读》，载《北京档案》，2010 年第 01 期。

64. 朱一飞：《对建立取得时效制度的法律经济学分析》，载《广西政法管理干部学院学报》，2005 年第 1 期。

三、翻译著作和译文集

1. 欧洲民法典研究组、欧盟现行私法研究组编著，朱文龙等译，《欧洲私法的原则、定义与示范规则：欧洲示范民法典草案（第八卷 物的所有权的取得与丧失）》，法律出版社，2014 年版。

2. ［德］鲍尔施蒂尔纳：《德国物权法》（下册），张双跟译，法律出版社，2006 年版。

3. ［德］康拉德 · 茨威格特、海因 · 克茨：《比较法总论》，潘汉典等译，法律出版社，2004 年版。

4. ［德］康德：《法的形而上学原理——权利的科学》，沈叔平译，商务印书馆，1991 年版。

5. ［德］拉伦茨：《法学方法论》，陈爱娥译，商务印书馆，2003 年版。

6. ［德］罗伯特 · 阿列克西：《法律论证理论》，舒国滢译，中国法制出版社，2002 年版。

7. ［德］弗里德里希 · 卡尔 · 冯 · 萨维尼：《论占有》，朱虎、刘智慧译，法律出版社，2007 年版。

8. ［法］莱昂 · 狄骥：《〈拿破仑法典〉以来私法的普通变迁》，徐砥平译，中国政法大学出版社，2003 年版。

9. ［法］特纳：《社会学理论的结构》第 6 版，丘泽奇等译，华夏出版社，2001 年版。

10. ［美］波普诺：《社会学》，第 10 版，李强等译，中国人民大学出版社，1999 年版。

11. ［美］博登海默：《法理学：法律哲学与法律方法》，邓正来译，中国政法大学出版社，2004 年版。

12. ［美］理查德 · A. 波斯纳：《法律的经济学分析》，蒋兆康译，中国社会科学出版社，2012 年版。

13. ［美］约翰 · G. 斯普兰克林：《美国财产法精解》，钟书峰译，北京大学出版社，2009 年版。

14. ［日］森田成满：《清代中国土地法研究》，牛杰译，法律出版社，2012 年版。

15. ［意］彼得罗 · 彭梵得：《罗马法教科书》，黄风译，中国政法大学出版社，1992 年版。

16. ［英］哈耶克：《法律、立法与自由》，邓正来、张守东、李静冰译，中国大百科全书出版社，2000 年版。

17. ［英］亨利 · 詹姆斯 · 萨姆那 · 梅因：《古代法》，沈景一译，商务印书馆，2011 年版。

18. ［英］马林诺夫斯基：《文化论》，费孝通译，华夏出版社，2002 年版。

19. ［英］梅因：《古代法》，沈景一译，商务印书馆，1996 年版。

四、学位论文和会议论文

1. 曹化：《秩序与自由的碰撞》，华东政法大学 2013 年刑法史博士论文。

2. 齐睿：《取得时效制度研究》，黑龙江大学 2011 年硕士论文。

五、中文报刊文章和电子文献

1. 《澳门桃花岗案“拉锯“5 年 · 奸诈业主判 4 年徒刑》，谢伊

琪 马永斐 陈健 张捷峰，澳门报道2015年7月24日。

2.《桃花岗事件始末——“被消失”的仅余本土特色一片天》，详见《澳门日报》，http：//aamacau. com/2012/09/27/the – whole – incident；（最后访问日期：2014 – 2 – 27）。

3. 高雄市政府地政处盐埕地政事务所，取得时效地上权立基财产权保障之探讨，2007年7月17日，http：//eland. kcg. gov. tw/Land/News/Detail. aspx？SN = 801 高雄市政府地政局房地产亿年旺网站，（最后访问日期：2016 – 3 – 22）。

4. 九章研究所：《农村房屋买卖合同的效力及后果》，审判研究，2015年1月20，http：//www. aiweibang. com/yuedu/10960178. html，（最后访问日期：2016 – 3 – 28）。

5. 谢哲胜：《台湾物权法的重大修正》，中国民商法律网，http：//old. civillaw. com. cn/article/default. asp？id = 45869，（最后访问日期：2016 – 2 – 28）。

6.《国家将大规模清理小产权房，小产权房何去何从》，置家网，http：//news. zhijia. com/jiaju/20150305/84350. shtml，（最后访问日期：2016 – 6 – 20）。

7. 中国宋代时效制度的案例，西部法制网，（最后访问日期：2014 – 10 – 28）。

8. 童平宇：《法史今议系列——我国古代的时效制度——以宋代《名公书判清明集》之案例为视角》，温州法律网。

六、外文著作和论文集

1. Agarwal，Bina. A Field of One’s Own：Gender and Land Rights in South Asia. 2. Cambridge：Cambridge University Press，1994.

2. Analysis of Law，6th Edition. Wolters Kluwer Law & Business，2003.

3. C Harpum，Megarry & Wade：The Law of Real Property. Sweet & Maxwell，2012（8）.

4. Hoebel，The Law of Primitive，Harvard University Press，1954.

5. JESSE DUKEMINIER & JAMES E. KRIER，PROPERTY 128 – 29（5th ed. 2002）.

6. Joyharcup，Green&Henderson. LandLaw. London：Sweet & Maxwell Press，1995.

7. Laurel Bossen. Chinese Women and Rural Development. Lanham，MD：Rowman & Littlefield，2002.

8. Li Zongmin. Changing Land and Housing Use by Rural Women in Northern China. in Tinker and Summerfield，eds.. Women's Rights to House and Land：China Laos，Vietnam. Lynne Rienner Publishers，1999.

9. Richard A. Posner，Economic Analysis of Law，6th Edition. Wolters Kluwer Law & Business，2023.

10. S Jourdan，Adverse Possession（Butterworths）.

11. S Nield，Hong Kong Land Law，Longman，1998（2）.

12. C Harpum，Megarry & Wade：The Law of Real Property（Sweet & Maxwell，2012（8）.

13. Tichborne v Weir（1892）67 LT 735. S Nield，Hong Kong Land Law. Longman press，1998（2）.

七、外文论文

1. Anderson G P，Pittinos D M. Adverse Possession After House

Bill 1148. Colo. Law, 2008.

2. Brown C N, Williams S M. Rethinking Adverse Possession: An Essay on Ownership and Possession [J]. Syracuse Law Review, 2010, 60 (3): 10.

3. Danise Hare, Li Yang, Deniel Englander. Land Management in Rural China and Its Gender Implications. Feminist Economics, 2007, (3).

4. Dixon M. Human Rights and Adverse Possession: The Final Nail?. 2008.

5. Id. at 1894. Martin S L. Adverse Possession: Practical Realities and an Unjust Enrichment Standard. Real Est. LJ, 2008, 37: 133.

6. Jeffrey Evans Stake, The Uneasy Case. for Adverse Possession, 89 GEO. L. J. 2419, 2473 (2001).

7. Latovick P. R., "Adverse Possession Against the States: The Hornbooks Have It Wrong," U. Mich. JL Reform, vol. 29, no. (1995).

8. Leiter B. Law and objectivity. Oxford Handbook of Jurisprudence & Philosophy of Law, 2002. p772.

9. Leung M. M., "Reforming the Law of Adverse Possession in Hong Kong," HKJ Legal Stud., vol. 2, no. (2008).

10. Levinson, D.. Family Violence in Cross – cultural Perspectives. Newbury Park, CA: Sage, 1989.

11. Martin S L. Adverse Possession: Practical Realities and an Unjust Enrichment Standard. Real Est. LJ, 2008, 37.

12. Miceli T J, Sirmans C F. An economic theory of adverse possession. International Review of Law & Economics, 1995, 15 (2).

13. Oliver Wendell Holmes，The Path of the Law，10 HARV. L. REV. 457.

14. Paul Kent，Malcolm Merry and Megan Walters，Building management in Hong Kong，Hong Kong：LexisNexis，2002.

15. Thomas W. Merrill & Henry E. Smith，Law and Morality：Property Law；The Morality of Property，48 WM. & MARY L. REV. 1849（2007）.

16. Gray K J，Gray S F. Elements of land law. Elements of Land Law，2009（12）.

八、外文报刊文章和电子文献

1. http：//www. coloradodaily. com/ci_13095851，ColoradoDaiLY. com（2016 年 3 月 18 日）。

2. http：//www. shm. com. cn/jcld/html/2014 – 07/23/content_3032764. htm（2016 年 3 月 18 日）。

3. http：//www. jx. xinhuanet. com/news/2010 – 11/09/content_21350851. htm（2016 年 3 月 18 日）。

4. http：//www. 0359fdc. com/news/xinpankuaixun/news6259. html（2016 年 3 月 18 日）。

5. 英格兰法律委员会，《土地注册法令草案和评论》（2001 年，法律委员会第 271 号），第 2. 70 段。

6. 英格兰法律委员会《廿一世纪土地注册咨询文件》第 254 号（1998 年）。

7. Law Reform Committee，（Final Report on Limitation of Actions），1977.

8. Nidhiya Menon, Yana Rodgers. Land Rights and Economic Security for Women in Vietnam. Working Paper, 2012.

9. 《廿一世纪土地注册：物业转易的革命》第271号（2001年）。

九、其他

1. 《江西省农村土地承包经营权确权登记颁证若干问题解答》，2014年。

2. 《宜昌市农村土地承包经营权确权登记颁证工作领导小组办公室关于确权登记颁证试点工作若干问题的处理意见》，2014年。

3. 1993年《中共中央关于当前农业和农村经济发展的若干政策措施》。

4. 王轶：《中国民事立法的中国元素：从“照着讲”到“接着讲”》，2015年4月28日在暨南大学珠海校区的学术报告。

5. 香港法律委员会，《逆权管有报告书》，2014年。

6. 香港法律委员会，《逆权管有咨询文件》，2014年。

十、附录Ⅰ本文引用法律法规规章简表

1. 《1925年土地注册法令》（Land Registration Act 1925）。

2. 《1980年时效法令》（Limitation Act 1980）。

3. 《2002年土地注册法令》（Land Registration Act 2002）。

4. 《澳门民法典》（39/99/M号　1999年8月3日）。

5. 《农村土地承包法》（2002年8月29日）。

6. 《上海市养犬管理条例》（2011年2月23日）。

7. 《时效条例》（L. N. 38 of 2011）。

8. 《中华人民共和国土地管理法》（1986年6月25日）。

9.《中华人民共和国物权法》(2007 年 3 月 16 日)。

10. CACV 20 of 2008.

11. CB (1) 1643/06 – 07 (07).

12. COLO. REv. STAT. § 38 – 41 – lOl (West 2007 & Supp. 2009).

13. Id. § 38 – 41 – 101.

14. Id. at 1850.

15. N. Y. REAL PROP. ACTS LAW § § 501 – 543 (McKinney 2008).

16.《苏格兰政府法案》(1982)。

17.《英国 2002 土地登记法》Land Registration Act 2002。

18.《英国土地注册处实务指引 4》。

十一、附录 II 本文引用案例(判例)简表

1. 澳门初级法院 CR4 – 14 – 0034 – PCC 号刑事案裁判书。

2. 澳门特别行政区中级法院第 777/2014 号。

3. 澳门初级法院 CAO – 025 – 00 – 2 号。

4. 澳门第 2/2013 号案。

5. 欧洲人权法院申请编号第 44302/02 号裁判(2005 年 11 月 15 日)。

6. 欧洲人权法院申请编号第 44302/02 号裁判(2007 年 8 月 30 日)。

7. Baxter v Mannion [2010] 1 WLR 1965.

8. [2010] All ER 173.

9. [2011] EWCA Civ 120.

10. (1892) 67 LT (NS) 735.

11. (2006) 9 HKCFAR 29.

12. [1963] AC 510.

13. [1991] 2 HKC 342.

14. [1994] 1 AC 458.

15. [1999] 2 HKC 719.

16. [2000] Ch 676 (Ch D).

17. [2001] 3 HKC 116.

18. [2002] 2 HKLRD 705.

19. [2002] UKHL 30. 上议院(最高上诉法庭)。

20. [2003] 1 AC 419 (HL).

21. [2004] 4 HKC 528.

22. [2006] 4 HKLRD 1.

23. Doe d Fishar v Taylor (1774) 1 Cowp 217.

24. Doe d Hellings v Bird (1809) 11 East 49.

25. Estate of Becker v. Murtagh, 968 N. E. 2d 433, 437 n. 4 (N. Y. 2012).

26. HCA 11328/1996.

27. HCA 2963 of 1998.

28. HCAL 32/2006.

29. J A Pye (Oxford) Ltd v United Kingdom (2005) 19 BHRC 705.

30. LT Case No BM 41 of 1996.

31. McLean, No. 06 CV 982, slip op. at 6.

32. Megarry & Wade, P1036.

33. No. 06 CV 982, slip op. at 1 (Dist. Ct. Colo. Oct. 17, 2007).

34. Willis v Earl Howe [1893] 2 Ch 545.